Le château de La B

bois-dormant

Pierre Loti

Alpha Editions

This edition published in 2024

ISBN : 9789361471650

Design and Setting By
Alpha Editions
www.alphaedis.com
Email - info@alphaedis.com

Contents

AVANT-PROPOS ....- 1 -

LA MAISON DES AÏEULES ....- 2 -

LE CHÂTEAU DE LA BELLE-AU-BOIS-DORMANT ....- 11 -

NOYADE DE CHAT ....- 18 -

L'AGONIE DE L'EUZKALERRIA............................- 21 -

LE GAI PÈLERINAGE DE SAINT-MARTIAL ....- 26 -

PREMIER ASPECT DE LONDRES......................- 31 -

BERLIN VU DE LA MER DES INDES.........................- 35 -

VIEILLE BARQUE, VIEUX BATELIER ....- 42 -

PROCESSION DE VENDREDI SAINT EN ESPAGNE ....- 43 -

UN VIEUX COLLIER ....- 44 -

PRÉFACE POUR UN LIVRE QUI NE FUT J
AMAIS PUBLIÉ...- 48 -

QUELQUES PENSÉES VRAIMENT AIMABLES ....- 50 -

EN PASSANT A MASCATE ....- 52 -

APRÈS L'EFFONDREMENT DE MESSINE, EN 1909. ....- 57 -

PHOTOGRAPHIES D'HIER ET D'AUJOURD'HUI...........- 58 -

CEUX DEVANT QUI IL FAUDRAIT PLIER LE
GENOU..- 62 -

LES PAGODES D'OR.......................................- 74 -

NOTES..- 85 -

AVANT-PROPOS

Ceci est un bien petit livre, et sans doute je n'aurais pas dû le publier; il ne semblera tolérable qu'à mes amis, connus ou inconnus.

Que les lecteurs indifférents me le pardonnent, d'autant plus que ce sera le dernier peut-être....

P. LOTI.

LA MAISON DES AÏEULES

Avril 1899.

Combien est singulier et difficilement explicable le charme gardé par des lieux qu'on a connus à peine, au début lointain de la vie, étant tout petit enfant,—mais où les ancêtres, depuis des époques imprécises, avaient vécu et s'étaient succédé!

La maison dont je vais parler,—la maison «de l'île», comme on l'appelait dans ma famille autrefois,—la maison de mes ancêtres huguenots avait été vendue à des étrangers après la mort de mon arrière-grand'mère, Jeanne Renaudin, il y a plus de soixante ans. Quand je vins au monde, elle appartenait à un pasteur, ami de ma famille, qui n'y changeait aucune chose, y respectait nos souvenirs et n'y troublait point le sommeil de nos morts, couchés au temps des persécutions religieuses dans la terre du jardin. Pendant les premières années de ma vie ma mère, mes tantes et grand'tantes, qui avaient passé dans cette maison une partie de leur jeunesse, y venaient souvent en pèlerinage; on m'y conduisait aussi et il semblait que, malgré les actes notariés, elle n'eût pas cessé de nous appartenir, par quelque lien secret, insaisissable pour les hommes de loi.

Ensuite, nous nous étions peu à peu déshabitués d'aller dans l'île,—où, d'ailleurs, les dernières de nos vieilles tantes étaient mortes,—et je n'avais plus revu l'antique demeure.

Mais je ne l'avais point oubliée, et il restait décidé au fond de moi-même que je la rachèterais un jour, quand le pasteur, qui l'habitait depuis si longtemps, y aurait achevé son existence d'apôtre.

Tout arrive à la longue: depuis une semaine, j'ai signé l'acte qui me rend possesseur de ce lieu ancestral. Et aujourd'hui, pour le revoir après plus de trente années, je pars de Rochefort avec mon fils, un matin pluvieux d'avril.

Mon fils n'y est jamais venu, lui, dans l'île; depuis quelques jours à peine il a commencé d'en entendre parler,—et, cependant, sous je ne sais quelles influences ataviques, sa petite imagination de dix ans s'est étrangement tendue vers ce pays et cette demeure où je vais le conduire.

La pluie tombe incessante d'un ciel noir. Nous roulons d'abord en chemin de fer dans les plaines d'Aunis, dont les grands horizons monotones confinent à l'Océan. Arrivés ensuite au port où l'on s'embarque, sous une ondée plus furieuse, nous courons nous enfermer, sans rien voir, dans la cabine d'un bateau. Et, la courte traversée accomplie, nous remettons pied à terre, devant des remparts gris: c'est le Château, la première ville d'Oleron.

Mais il pleut si fort que cela finit par noyer toute pensée, toute émotion de retour; les choses de l'île me semblent étrangères et quelconques.

On attelle pour nous une carriole, où nous montons à la hâte, sous le décevant arrosage,—et, en une heure maintenant, nous arriverons à Saint-Pierre, l'autre petite ville qui est là-bas loin des plages, sur les terres du centre, et où gît mélancoliquement la vieille maison familiale....

«Dans l'île».... Quand j'étais tout petit enfant, j'entendais prononcer ces mots avec une nuance de respect et de regret par ma grand'mère, qui était une exilée de sa demeure et de ses terres d'Oleron; de même, par ma bonne qui était une exilée de son village d'ici.... Et «l'île» avait en ce temps-là pour moi un mystérieux prestige: que rien, sans doute, dans ma promenade de ce jour, ne me rappellera plus....

Mon fils a désiré emmener son domestique et il a aussi recruté en route un de ses grands amis, qu'il a connu naguère matelot, planton à mon service, et qui est maintenant pêcheur sur cette côte. Nous sommes donc quatre à présent, pour ce pèlerinage.

Il pleut toujours, il pleut à verse, et, dans cette voiture fermée, on voit à peine la campagne qui fuit, tout embrouillée d'eau; aussi bien pourrait-on se croire n'importe où.

Mais voici pourtant que le sentiment d'être «dans l'île» me saisit d'une façon brusque et presque poignante, avec un rappel soudain des mélancolies de mon enfance.... Être «dans l'île», être déjà un peu séparé du reste du monde, être entré dans une région plus tranquille et moins changée depuis le vieux temps!... C'est un petit hameau, aperçu à travers les vitres rayées de pluie, qui m'a jeté au passage ce sentiment-là, un petit hameau tout blanc, tout blanc, d'une blancheur orientale, avec des portes et des fenêtres vertes: ses trois maisonnettes invraisemblablement basses, son moulin à vent qui tourne, les moindres pierres de ses enclos, tout cela, blanc comme du lait jusque par terre. Et, se détachant sur cette laiteuse blancheur, de naïves bordures de giroflées rouges.... Le caractère du pays d'Oleron est presque tout entier dans cette chaux immaculée dont les plus humbles logis s'enveloppent, et dans ces fleurs, écloses à profusion le long des petits murs.

Maintenant mon fils, à chaque maison du chemin, me demande si celle-ci «était du temps de mon enfance», si elle est nouvelle ou si je la reconnais. Cette enfance, qui me paraît, à moi, si proche encore et pour ainsi dire présente, lui fait, à lui, évidemment, l'effet d'être déjà très reculée dans le passé, comme me semblait, à son âge, l'enfance de mon père ou de ma mère.

Dans la monotonie de la route, de la voiture fermée et de la pluie, mon esprit, par instants, se rendort; j'oublie où nous allons et où nous sommes.

Mais chaque nom de ferme ou de village, redit quand nous passons, par le matelot qui nous accompagne, chante à mon oreille un refrain d'autrefois....

«A présent, grand'mère, raconte-moi des histoires de l'île d'Oleron!»—C'était généralement à la tombée d'une nuit d'hiver que je disais cela, en venant m'asseoir, tout petit, au pied de la chaise de l'aïeule. Je me faisais décrire l'ameublement de la vieille demeure, le costume et la figure d'ancêtres morts il y aura bientôt cent ans. Mais je demandais surtout les aventures de route, le récit des grands orages qui vous surprenaient, en rase campagne ou sur la mer, quand on allait visiter des vignes éloignées ou bien quand on se rendait de la maison de Rochefort à la maison de l'île,—et à tout cela, bien entendu, les noms de ces villages et de ces fermes revenaient se mêler constamment....

Il pleut toujours. Déjà loin, derrière nous, le clocher de Dolus (un village à mi-chemin) se profile sur le gris des nuages, au-dessus d'un bois. Cela, c'est un aspect de jadis, qui n'a pu changer. Jadis, au temps de l'enfance de ma mère, ou même au temps plus reculé de l'enfance de mes aïeules, quand avait lieu ce va-et-vient de la famille entre Rochefort et Oleron, quand s'accomplissaient, à la manière ancienne, sur des chevaux ou sur des ânes, tous ces voyages,—qui plus tard me furent contés entre chien et loup, aux crépuscules d'hiver,—jadis, ce clocher de Dolus, dans les ciels pluvieux d'alors, se dressait pareil au-dessus de ce même bois.

D'ailleurs, Saint-Pierre n'est plus très loin, et cette approche, semble-t-il, suffit pour aviver en moi des images qui s'effaçaient, fait sortir de l'ombre et reparaître aux yeux de ma mémoire les respectables et chers visages, aujourd'hui retournés à la poussière....

Notre voiture, plus bruyamment tout à coup, roule sur des pavés, dans des petites rues paisibles, désertes et blanches;—et c'est Saint-Pierre, où nous venons enfin d'entrer!... Mais la banalité de l'hôtel campagnard où l'on nous arrête, les détails ordinaires de l'arrivée, tout cela est pour couper mon rêve, dès l'abord. Et je ne retrouve plus rien; j'ai seulement le coeur serré, à cause de ce temps sombre, je suis déçu et je m'ennuie.

Cependant, par les petites rues mornes que les averses ont lavées, rencontrant quelques bonnes femmes en coiffe et en «quichenotte»,[1] nous allons nous acheminer à présent vers cette maison qui est le but de notre voyage.

Je crains de ne plus m'y reconnaître, après tant d'années, et je questionne une jeune fille qui nous regardait passer.

—Ah! la maison du défunt pasteur! me répond-elle. Tout droit, monsieur, et, après le tournant là-bas, vous la trouverez à votre gauche.

Un calme un peu angoissant émane aujourd'hui pour moi de cette petite ville, assombrie de nuages marins. Derrière des vitres, ça et là, d'honnêtes figures nous observent, avec une curiosité discrète. Et cela m'oppresse de sentir partout alentour des existences bornées et encloses—auxquelles devaient ressembler beaucoup, avec seulement un peu d'apparat et de grandeur patriarcale, les existences des mes ancêtres d'ici.

Mon fils, qui me suit entre ses deux amis, a fini pour un temps déjouer avec eux et ne dit plus rien, les yeux très ouverts, l'imagination très inquiétée de ce qu'il va voir. La pluie a cessé, mais le vent d'ouest souffle avec violence; le ciel reste lourd et obscur, exagérant la blancheur des pavés, la blancheur de la chaux sur les vieilles murailles.

Quelques pas encore, après le tournant indiqué.... Et tout à coup, avec une commotion au coeur que je n'attendais pas, me croyant moins près d'arriver, je la reconnais, là devant moi, l'antique maison familiale.... Elle est d'ailleurs exquise dans sa vétusté bien plus que je ne l'espérais; la plus vaste et visiblement l'aînée de celles du voisinage; toute fermée, il va sans dire, avec un air de paix et de mystère, d'immobilité presque définitive, comme si elle sommeillait depuis déjà des années sans nombre et ne devait plus être réveillée. Son grand portail cintré,—que j'avais vu reproduit, l'automne dernier, au théâtre, dans *Judith Renaudin,*—sa petite porte latérale et ses vieux auvents, tout cela est d'un vert délicieusement décoloré, dans la blancheur des couches de chaux qui l'ensevelissent. Elle semble être l'âme de ce vieux petit quartier mort qui l'entoure et qui, en plus de sa tristesse d'abandon, exhale aussi l'inexprimable tristesse des îles....

Les clefs, je les trouverai, m'a-t-on dit, chez une certaine vieille Véronique, laquelle fut servante du défunt pasteur, et s'est placée à présent dans une maison vis-à-vis de la mienne.

Je frappe donc au logis d'en face,—et une porte s'ouvre: mon Dieu, mais c'est là précisément que s'étaient retirées mes vieilles tantes!... Moi, qui n'y avais pas fait attention du dehors!... C'est là que j'étais venu pour la dernière fois, en vacances de Pâques, séjourner chez elles, quand j'avais l'âge de mon fils.... Je reconnais cette cour, ce petit jardin, comme si hier à peine je les avais quittés. Et ces vieilles tantes, cousines de ma mère, je les revois si bien toutes les trois, dans leurs pareilles robes de soie noire, dont l'usure décente était perceptible à mes yeux d'enfant!... Leurs attitudes et leurs yeux disaient que d'étranges malheurs s'étaient appesantis sur elles; on les sentait très pauvres,—malgré d'anciennes jolies choses, des bagues, des éventails, des porcelaines de Chine, conservées encore dans leurs armoires. Et j'avais passé chez elles huit jours de mélancoliques et solitaires vacances, en un mois de mars déjà fort lointain, sous des nuées basses comme celles de cette heure, tandis que soufflait un continuel grand vent d'équinoxe....

Véronique, coiffée à la mode de Saint-Pierre,—le toquet blanc laissant paraître deux bandeaux bien lisses sur le front et un petit rouleau de cheveux bien net sur la nuque,—est une bonne vieille, très brune, suivant le type de l'île, avec un calme visage et un profil de médaille. Elle devine aussitôt qui je dois être, et s'en va chercher son trousseau de clefs.

Mon fils, entre ses deux amis, attend impatiemment, au seuil de la maison muette, où il va pénétrer comme dans un château de la Belle-au-Bois-Dormant. Et moi, avec des sentiments autres, plus complexes, plus graves, avec une sorte de crainte religieuse, j'attends aussi que s'ouvre le portail vénérable.

La clef ne veut pas tourner. Le vent souffle en rafales chaudes. La maison, obstinément fermée, prend sous le ciel noir la blancheur des vieux logis arabes. Et, tandis que se prolonge notre attente, je regarde au bout de cette petite rue vide, tout de suite finie, tout de suite ouverte sur la campagne sans arbres, je regarde et je reconnais le déploiement de ces champs et de ces marais plats, tout cet horizon de quasi-désert qui, en cet endroit, figurant comme fond de ce quartier mort, me glaçait l'âme pendant mes séjours d'enfant chez les tantes de l'île....

Elle tourne enfin, la clef, et Véronique pousse devant nous la lourde porte.

Oh! comment dire l'émotion de voir réapparaître, sous ces nuages de deuil, cette cour silencieuse des ancêtres!... Devant la façade intérieure aux auvents fermés, ce vieux perron, ces vieilles dalles verdies, tout cela envahi par la mousse et les herbes!... Je ne prévoyais pas ces aspects de cimetière. Et voici que j'ai le sentiment de pénétrer chez les morts, chez les aïeules mortes. Nulle part autant qu'ici et à cette heure le passé ne m'avait enveloppé de son linceul.

Des fantômes,—mais des fantômes débonnaires et discrets, qui ne feraient aucune peur,—doivent revenir se promener dans cette cour, lorsque le soir tombe: les aïeules en robe noire....

D'ailleurs, rien de changé, sans doute, depuis l'époque où elles vivaient ici. Sur les murailles, sur le perron, sur la margelle du puits, sur les dalles, une même usure séculaire atteste la longue durée antérieure de ces choses. Non, rien de changé nulle part. Il manque seulement un amandier là-bas, qui avait plus de cent ans et qui a dû mourir de vieillesse; à la place où je me rappelais l'avoir connu, son tronc large se voit encore, scié près des racines. D'autres arbres, à bout de sève, ont pris une certaine parure fraîche, par la grâce de l'avril une fois de plus revenu. Un grenadier est entièrement rouge de ses pousses nouvelles. Mais surtout l'herbe verte, l'herbe a foisonné d'une façon étrange, depuis deux années à peine que personne n'habite plus ici; entre les pavés, des fleurs sauvages ont pris place, et de hautes avoines folles qui aujourd'hui se courbent et se froissent, tourmentées par le vent d'ouest. Et vraiment cette herbe donne à la cour des aspects d'enclos funéraire.

Véronique va nous introduire à présent dans le principal corps de logis, par où commencera notre visite songeuse. Et nous gravissons avec respect les marches de ce perron—où, vers la fin du XVIIIᵉ siècle, à ce que l'on m'a souvent conté, de joyeuses petites filles (qui furent mes grand'tantes, mon aïeule, et moururent octogénaires) avaient pour jeu favori de monter et descendre en courant, sur des échasses.

Il fait noir, dans la maison close. Véronique, à mesure que nous avançons, ouvre les contrevents un à un, et de la lumière pénètre par degrés dans cette ombre: une lumière grise que diminuent les branches des arbres et les nuées du ciel.

D'abord, la salle à manger, qui a gardé ses boiseries Louis XV; c'est là que, les soirs de jadis, maîtres et domestiques réunis écoutaient avant de s'endormir une lecture faite dans une grosse bible au frontispice enluminé de rouge, que je possède aujourd'hui par héritage.

On n'a pas enlevé encore, du salon sur la rue, le mobilier du pasteur défunt. Mais c'est un mobilier qui n'est guère moderne et qui ne détonne pas dans ce lieu, car il est d'une simplicité austère—et la sombre figure de Calvin, encadrée à la muraille, témoigne que les habitants, ici, n'ont point cessé d'être des huguenots.

La silencieuse demeure n'a pas été plus modifiée au dedans qu'au dehors. Les détails mêmes sont restés intacts. Et, en montant à l'étage supérieur, j'ai la fantaisie d'ouvrir certain placard de l'escalier, qui, dans les histoires d'enfance de mes aïeules, jouait souvent un rôle: sur ses étagères, se tenaient des pots remplis de «sucre des îles», objet d'habituelle convoitise pour les petites filles aux échasses, et des confitures faites avec les raisins mûris au soleil d'il y a cent ans....

De l'autre côté de la cour envahie d'herbes, c'est le quartier des domestiques, plus délabré, plus fruste, et une chambre où, les jours de pluie, venaient s'amuser les enfants du temps passé.

Dans cette chambre-là, je savais que ma mère, étant toute, petite fille et commençant à écrire, s'était amusée une fois à graver son nom sur une vitre de la fenêtre, avec le diamant d'une bague. Je n'espérais point retrouver cela; mais le carreau a miraculeusement résisté à soixante années de possession étrangère, et la précieuse inscription y est encore! A côté de quelques griffonnages, de quelques essais moins réussis qui doivent dater du même jour, le cher nom m'apparaît très lisible, tracé d'une grosse écriture d'enfant qui s'applique: *Nadine*!... A l'angle du carreau poussiéreux et verdâtre, le nom se détache, en rayures légères qui brillent, sur l'image trouble de la rue où la pluie tombe.... *Nadine!*... Alors, je ferme à demi les yeux et me recueille plus profondément pour me représenter, dans sa petite toilette surannée, l'enfant qui écrivit cela, vers 1820, un soir d'ennui sans doute, en regardant tristement cette même vieille rue de village toujours pareille, un soir où la pluie devait tomber comme aujourd'hui.

Le long de la cour, des bâtiments, plus déjetés sous des couches de chaux, étaient des greniers pour les récoltes, des chais pour le vin, des pressoirs pour les vendanges. Ils disent la coutume patriarcale des ancêtres, qui vivaient du produit de leurs terres et du sel de leurs marais.

Ensuite, après un portail vert, le jardin. Là, c'est un enchantement pour mon fils, qui n'avait pas prévu tant de fleurs, une telle mêlée d'arbustes fleuris. Sous le ciel toujours noir, menaçant d'averses prochaines, on dirait une sorte de bocage, qui s'en va tout en longueur, bien clos pour plus de tristesse, entre de hauts murs gris tapissés de vignes. Les plantes y sont presque retournées à l'état de sauvagerie; mais cependant les buis des bordures, si grands qu'ils soient devenus, donnent encore à l'ensemble son caractère jardin, jardin d'autrefois, à l'abandon. Toutes sortes de vieilles fleurs de France, de ces fleurs qui se perpétuent sans être cultivées, tulipes, anémones, narcisses, jacinthes et lis, sont épanouies à profusion, foisonnant jusque dans les sentiers. Les lilas sont des gerbes violettes ou blanches; les poiriers, les pêchers, d'énormes bouquets blancs ou roses. Il est en harmonie avec la maison, ce jardin—et celui de la Belle-au-Bois-Dormant devait un peu lui ressembler, refleurissant ainsi tout seul, au renouveau, sous l'arrosage des nuées d'avril.

Tout au fond, entre des ifs taillés et la muraille, est une place où l'on recommandait autrefois aux enfants de la famille de ne pas courir et de parler bas: là, dans la terre, dorment des ancêtres huguenots, exclus des cimetières catholiques au temps des persécutions du roi Louis XIV.

Et enfin, par un autre portail, où une date: 1721, est inscrite, nous arrivons à un petit bois qui continue notre domaine et qui finit dans la campagne,— dans cette campagne de l'île, dénudée et plate, battue par les grands vents d'ouest, et cernée, à l'horizon extrême, par la ligne enveloppante de la mer....

Chez des gens du voisinage, que je n'avais pas vus depuis mon enfance, j'ai deux ou trois visites à faire, puisque me voici redevenu quelqu'un du pays: je laisse donc mon fils, avec son domestique et son matelot, dans le vieux jardin qui l'enchante, leur donnant mission à tous trois de fourrager parmi les branches et les fleurs mouillées pour composer une gerbe que nous porterons demain au cimetière de Rochefort, à la tombe des aïeules—afin qu'il soit pour elle, le premier bouquet cueilli par nous sur leur terre aujourd'hui rachetée.

Et, mes courses finies, quand je reviens à cette maison, seul, par les petites rues vides où l'on ne me regarde même plus passer, quand j'ouvre la porte *moi-même*, avec la grosse clef que Véronique m'a remise, alors, pour la première fois, j'ai vraiment l'impression que je rentre chez moi, ici, l'impression que ce logis vénéré m'appartient, avec tout ce qu'il renferme encore de souvenirs. Et comme c'est étrange de se trouver tout à coup maître de ces choses, qui ne semblaient presque plus réelles, tant l'éloignement et les années en avaient, si l'on peut dire, dématérialisé l'image!...

Donc, j'ouvre moi-même la porte des aïeules, et, dans la cour,—qui me fait à nouveau son accueil désolé, avec ses tapis de mousse, son herbe funèbre, son air de vétusté et de mort,—j'aperçois mon fils, assis entre ses deux amis sur les marches du perron et tenant la gerbe qu'il a fini de cueillir, une gerbe de lilas et de tulipes, toute ruisselante de pluie tiède. Son ravissement n'a pas faibli; il me fait promettre que je la remeublerai comme autre fois, cette demeure, qu'il y passera ses vacances prochaines et que même nous reviendrons nous y fixer.

Je lui dis oui, comme on dit aux enfants, surtout lorsqu'il s'agit de l'avenir éloigné. Mais, en réalité, qu'en ferons-nous bien, de cette maison? Résider ici, fût-ce même en passant, résider au milieu de cette île, redevenir quelqu'un de cette petite ville morne, voir chaque matin à mon réveil ce jardin-cimetière, non je ne pourrais plus!... A moins que ce ne soit plus tard dans la suite des années, si, quelque part en Orient, je ne tombe pas au bord d'un chemin.... Oui, plus tard, qui sait, rentrer ici pour le déclin de ma vie, puis dormir dans ce vieux sol où gisent des ossements d'ancêtres.... Et qu'on inscrive alors sur ma pierre ce verset de l'Ecriture: «Celui-là est venu de la grande tribulation»!...

A côté de mon fils, sur les marches du seuil, je m'assieds pour songer, dans ce silence, au milieu décès herbes. Jamais avec autant d'effroi je n'avais entrevu l'abîme, le définitif abîme ouvert entre ceux qui vivaient ici et l'homme que je suis devenu. Eux étaient les sages et les calmes, et ma destinée, au contraire, fut de courir à tous les mirages, de sacrifier à tous les dieux, de traverser tous les pandémoniums et de connaître toutes les fournaises....

En ce moment, des phrases me reviennent à la mémoire, prononcées par mon cher Alphonse Daudet, un jour où nous causions de mes origines et de mes ascendants de Saint-Pierre-d'Oleron: «Toi, vois-tu,—me disait-il, en riant avec compassion et mélancolie,—tu as surgi là comme un diable qui sort d'une boîte. Plusieurs générations, qui étouffaient de tranquillité régulière, ont tout à coup respiré éperdument par ta poitrine.... Tu paies tout ça, Loti, et ce n'est pas ta faute....» Est-ce que je sais, moi, si je suis responsable, ou si c'est mon temps qu'il faut accuser, ou si simplement je paie ou j'expie? Mais ce que je vois bien, c'est que la mousse et les fleurettes sauvages ont pris possession de ces marches sur lesquelles nous sommes, et que nous n'aurions pas dû les troubler par notre présence étrangère. Et, ce que je sens bien, c'est que l'ombre triste de ces vieux arbres descend comme un reproche sur ma tête.—Non, ils ne me reconnaîtraient point pour un des leurs, les ancêtres de l'île, et leur maison ne saurait plus être la mienne. Ils avaient la paix et la foi, la résignation et l'éternel espoir. L'antique poésie de la Bible hantait leurs esprits reposés; devant la persécution, leur courage s'exaltait aux images violentes et magnifiques du livre des *Prophètes*, et le rêve ineffablement doux qui nous est venu de Judée illuminait pour eux les approches de la mort. Avec quelle incompréhension et quel étonnement douloureux ils regarderaient aujourd'hui dans mon âme, issue de la leur!... Hélas, leur temps est fini, et le lien entre eux et moi est brisé à jamais.... Alors, revenir ici, pourquoi faire?

D'ailleurs, une seconde fois, je ne retrouverais sans doute même pas les impressions profondes de cette journée; il n'y aurait plus, pour mes suivants retours, ces nuages et cette saison, ce renouveau d'avril entre ces murs abandonnés, ce jardin refleuri sous ce ciel noir, rien de ce qui agit à cette heure sur le misérable jouet que je suis de mes nerfs et de mes yeux.

Le mieux serait donc, il me semble, de laisser sommeiller toutes ces choses, de refermer respectueusement cette porte, comme on scellerait une entrée de sépulcre,—et de ne plus l'ouvrir, jamais....

LE CHÂTEAU DE LA BELLE-AU-BOIS-DORMANT

«Il y a deux choses que Dieu même ne peut pas faire: un vieil arbre et un gentilhomme.»
(Vieux proverbe de Bretagne.)

Souvent j'ai jeté un appel d'alarme vers mes amis inconnus pour qu'ils m'aident à secourir des détresses humaines, et toujours ils ont entendu ma voix. Aujourd'hui il s'agit de secourir des arbres, de nos vieux chênes de France que la barbarie industrielle s'acharne partout à détruire, et je viens implorer: «Qui veut sauver de la mort une forêt, avec son château féodal campé au milieu, une forêt dont personne ne sait plus l'âge?»

Cette forêt-là, j'y ai vécu douze années de mon enfance et de ma prime jeunesse; tous ses rochers me connaissaient, et tous ses chênes centenaires et toutes ses mousses. Le domaine appartenait alors à un vieillard qui n'y venait jamais, vivait cloîtré ailleurs, et qu'en ce temps-là je me représentais comme une sorte d'invisible personnage de légende. Le château restait livré à un régisseur, campagnard solitaire et un peu farouche, qui n'ouvrait la porte à personne; on ne visitait pas, on n'entrait pas; j'ignorais ce que pouvaient cacher les liantes façades closes et ne regardais que de loin les grandes tours; mes promenades d'enfant en forêt s'arrêtaient au pied des terrasses moussues, enveloppées de la nuit verte des arbres et de leur silence.

Ensuite, je m'en suis allé courir par toute la Terre, mais le château fermé et ses chênaies profondes hantaient mon imagination toujours; entre mes longs voyages, je revenais comme un pèlerin ramené pieusement par le souvenir, me disant chaque fois que rien des lointains pays n'était plus reposant ni plus beau que ce coin si ignoré de notre Saintonge. Le lieu du reste se maintenait immuable: aux mêmes tournants des bois, entre les mêmes rochers, je retrouvais les mêmes graminées fines, les mêmes fleurettes exquises et rares; dans les clairières, sur les tapis des lichens jamais foulés, je voyais, çà et là, comme autrefois, pareilles à des turquoises, les petites plumes bleues tombées de l'aile des geais; dans les fourrés, les renards en maraude poussaient leurs mêmes glapissements du soir. Rien ne changeait; seulement les mousses épaississaient leurs velours sur les marches des perrons, les capillaires délicats gagnaient lentement les terrasses, et, dans les marais d'en bas, les fougères d'eau se faisaient plus géantes.

Or cette situation de délaissement, invraisemblable à notre époque utilitaire, s'était prolongée plus d'un demi-siècle, et on se disait que ce sommeil du château peut-être durerait longtemps encore, comme il arriva pour celui de la Belle-au-Bois-Dormant. Mais voici que le vieillard invisible vient de mourir, rassasié de jours; ses héritiers vont vendre le domaine enchanté, et des coupeurs de forêts sont là prêts à acheter pour abattre: songez donc, il y aurait deux cent mille francs de bois réalisables tout de suite, et la terre resterait!

Avec quelle mélancolie, l'autre jour, un après-midi de fin d'été, je suis revenu là faire un pèlerinage qui pourrait bien être le dernier! L'un des nouveaux héritiers—jusqu'alors un inconnu pour moi,—averti de ma visite, avait eu la bonne grâce de me précéder pour me recevoir. Mais je voulais d'abord à être seul, et, laissant ma voiture à une demi-lieue du château, en familier de ces bois, je me suis glissé par d'étroits sentiers dans le ravin où j'avais eu, au temps de mon enfance, mes visions les plus passionnées de nature et d'exotisme.

C'est un lieu certainement unique dans nos climats. La petite rivière sans nom, qui traverse toute la forêt dans une vallée très en contre-bas, s'attarde là, plus enclose de rochers, plus enfouie sous l'amas des verdures folles; elle s'épand au milieu des tourbes et des herbages pour former un semblant de marais tropical. Avant que j'aie vu les vraies flores exotiques, ce ravin déjà les révélait à mon imagination d'enfant. Les arbres qui y font de la nuit verte sont singulièrement hauts, sveltes, groupés en gerbes qui se penchent à la manière des bambous. A l'abri de ces voûtes de feuillage et de cette sorte de falaise qui garantit comme un mur contre le vent d'hiver, toute une réserve de nature vierge demeure blottie dans une humidité et une tiédeur presque souterraines; les roseaux jaillissent de souches si vieilles et si hautes qu'on les dirait montés sur un tronc, comme les dracénas; de même pour la plus grande de nos fougères, l'osmonde, qui y semble presque arborescente. C'est aussi la région des mousses prodigieuses, qui sur toutes les pierres du sol imitent des plumes frisées, et de mille autres plantes inconnues ailleurs, d'une fragilité et d'une défiance extrêmes, qui ne se risquent à paraître que sur les terrains tranquilles depuis toujours.—Il faudrait préserver jalousement de tels édens, sans doute millénaires, que ni volonté, ni fortune ne seront capables de recréer.—Dans la pénombre de sous-bois, je prends le sentier, plutôt l'incertaine battue, qui passe tout au pied de la falaise d'enceinte. Les roches surplombent, des roches d'un grisâtre un peu rose, tellement frottées par les siècles qu'elles n'ont plus que des surfaces arrondies. Voici d'abord dans cette muraille une étrange et adorable niche, toute festonnée de stalactites et frangée de capillaires, d'où s'échappe une source. Un peu plus loin, les roches lisses, ayant l'air de se plisser comme des draperies qu'on relève, découvrent peu à peu de profondes entrées obscures,—et ce sont les grottes préhistoriques ouvertes le long de cet ombreux marécage; rien n'a dû beaucoup changer aux entours, depuis les temps où des hôtes primitifs y aiguisaient leurs couteaux de silex. Il y en a plusieurs, de ces grottes, qui se suivent, montrant des porches en plein cintre ou bien dentelés et d'un dessin ogival. Et enfin j'arrive à la plus grande, dont la salle d'entrée a comme un dôme d'église; le demi-jour verdâtre des feuillées n'y pénètre pas très loin, et on aperçoit au fond, entre les piliers trapus que lui ont faits les stalactites, des couloirs qui s'en vont plonger en pleine nuit. J'aimais m'y aventurer jadis avec une lampe et un fil conducteur, et je me rappelle qu'une fois, vers ma quinzième année, j'avais failli me perdre dans le dédale de ces galeries, que tapissaient comme d'épaisses coulées de neige ou de lait, et qui étaient toutes de la même blancheur de suaire.

Le sentier, toujours couvert et demi-sombre, mais de plus en plus facile, remonte enfin au niveau de la plaine, dans des bois touffus où la flore devient tout autre, sur un terrain sec, feutré de mousses différentes.

Maintenant une large avenue droite, dans la direction du nord, va me conduire au château. Elle passe au milieu des bois, les pervenches lui font au printemps des tapis tout bleus, et les «chênes-verts» la recouvrent, lui donnant l'air d'une interminable nef; on s'en contenterait ailleurs, de ces chênes-là, mais ce ne sont que des arbres d'une soixantaine d'années, autant dire des arbrisseaux, comparés à ceux qui m'attendent plus loin.

Au bout de l'avenue, la nuit verte tout à coup s'épaissit davantage; ici, les grands chênes ont des siècles, les mousses et les fougères se sont installées sur les vigoureuses ramures. Et enfin commence d'apparaître cette demeure de Belle-au-Bois-Dormant. Dans la même pénombre toujours, c'est d'abord la vieille grille en fer forgé et le perron moussu d'une immense et royale terrasse à balustres, et puis, au delà, encore loin, dans une échappée entre les branches, une façade et des tours dorées au soleil d'automne. Deux pavillons Louis XIII, fermés depuis cent ans, se dressent aux angles de cette terrasse déserte, qui domine de trente ou quarante pieds la rivière enclose, le monde frémissant des peupliers et des yeuses, la mêlée des herbages, des joncs, des fougères d'eau et des nénufars, toute l'inextricable jungle d'en bas....

Celui des nouveaux maîtres de céans qui m'attendait vient à ma rencontre. Il va donc me donner accès dans le château, près duquel j'ai vécu si longtemps sans y pouvoir entrer.

Premier portail en pierre rougeâtre, où des bas-reliefs de quatre siècles représentent des lions endormis. Puis, donjon avancé du guet, ancien pont-levis, cour d'honneur. Et les tours du château même sont à présent au-dessus de nos têtes, avec leurs créneaux du moyen âge féodal et leurs toits d'ardoise ajoutés lors de la Renaissance.

La porte s'ouvre et nous sommes dans la place. Bien que les murailles extérieures n'eussent point de lézarde, je prévoyais un délabrement de logis abandonné. Non, rien n'a souffert. Les parois, il est vrai, sont badigeonnées de modeste chaux paysanne, mais tous les plafonds ont gardé leurs énormes solives, peinturlurées à la Renaissance, et il suffirait d'un lavage pour en ressusciter complètement les dessins et le coloris. Ça et là, des meubles fanés à point, des soies qui s'éteignent, du Louis XV, du Louis XVI ou du Directoire.... Vraiment un acquéreur, assez affiné pour comprendre cette sorte de simplicité seigneuriale qui fut celle de nos châteaux de province à la fin du dix-huitième siècle, n'aurait ici que la peine de prendre place.

Une salle pourtant détonne par son luxe plus surchargé. Des artistes de la Renaissance italienne, mandés par les seigneurs d'alors, y avaient prodigué les peintures et les ciselures; aux murailles et au plafond, des encadrements sculptés en plein bois, avec une précieuse finesse, entourent de curieux tableaux, d'une époque indécise et transitoire, où certains visages ont la naïveté des primitifs, tandis que des clairs-obscurs et des détails de muscles sentent l'influence de Michel-Ange.

Mais ce qui est sans prix, ce qui est sans égal nulle part, c'est la vue que l'on a des fenêtres d'en haut et des chambres des tours: au delà des grandes terrasses superposées et des vieux jardins à la française, partout, n'importe où l'on regarde, un lointain qui fait oublier le siècle présent, un lointain qui n'indique aucune époque de l'histoire; si l'on veut, c'est le moyen âge, ou même c'est le temps des Gaules; rien que le tranquille déploiement des branches, la paix infinie des choses que l'homme n'a pas encore dérangées. On respire l'éternelle senteur des arbres, des mousses et de la terre. Vers le sud, il y a les bois par lesquels je suis arrivé et qui tombent dans le ravin des grottes. Dans tout l'ouest, au-dessus de la rivière et d'une ligne rocheuse, ces autres bois très embroussaillés—où je connais des sépultures gallo-romaines et qui, en dehors du champ de la vue, confinent à un étrange petit désert de pierrailles. Vers le nord, enfin, c'est un moutonnement de cimes plus hautes et plus sombres, d'un vert intense où jamais l'automne ne met ses teintes de rouille: la forêt de «chênes-verts» que nous visiterons tout à l'heure.

Et, devinant déjà aux allures de mon hôte, à son esprit distingué, qu'il saura comprendre, je lui représente quel crime il commettrait en livrant à des barbares ce domaine. En effet, il était pleinement de mon avis. Mais, pour des questions de partage (nombreux héritiers tous dispersés et établis en d'autres sites), il fallait vendre, et les coupeurs d'arbres renouvelaient des offres pressantes.

—Vous, me dit-il, achetez-le!

Réponse à prévoir, évidemment. Mais ce serait une peu raisonnable fantaisie, et pour ne venir jamais, car j'ai déjà, moi aussi, fixé ma vie ailleurs....

Le soleil déclinant, nous sommes allés terminer ce pèlerinage dans la forêt de couleur sombre qui, du côté nord, commence tout de suite, dès que finissent les terrasses et les vieux balustres.

J'ai dit que le ravin des grottes était un lieu unique; de même pour cette forêt-là, en courant le monde je n'en ai pas rencontré qui lui ressemble, si ce n'est peut-être en un coin perdu de la Grèce. Le «chêne-vert», qui en France n'existe à l'état d'arbre forestier que dans nos régions sud-ouest tempérées parle vent marin, porte des feuilles d'une nuance foncée, un peu grisâtres en dessous comme celles de l'olivier, et, l'hiver, quand tout se dénude ailleurs, il reste en pleine gloire. C'est un arbre d'une vie très lente, auquel il faut des périodes infinies pour atteindre son complet épanouissement. Lorsqu'il a pu se développer dans une tranquillité inviolable, comme ici, son tronc multiple s'arrange en gerbe, en bouquet gigantesque; alors, avec son branchage touffu du haut en bas qui descend jusqu'à terre, avec sa belle forme ronde, il arrive presque à la majesté du banian des Indes.—Or ce coin de forêt n'a jamais été touché au cours des temps, il s'est fait comme il lui a plu de se faire; les arbres ne s'y sont pas serrés les uns aux autres, mais déployés avec calme, laissant entre eux des intervalles comme en une sorte de mystérieux jardin. Le sol y est d'une qualité rare: un plateau calcaire sur lequel les siècles n'ont déposé qu'une mince couche d'humus, et qui ne convient qu'à de patientes essences d'arbres, ainsi qu'à de très exquises petites graminées, des mousses et des lichens. Par endroits, ce sont les lichens qui dominent; les pelouses alors prennent des teintes d'un grisâtre très doux, le même grisâtre que l'on voit ici sur toutes les ramures et à l'envers de toutes les feuillées, et c'est un peu comme si la cendre des âges avait poudré la forêt. Jadis on avait tracé au travers des chênaies deux ou trois larges avenues,—jadis, on ne sait plus quand; elles subsistent sans qu'il soit besoin de les entretenir, car ce terrain ne connaît ni la boue, ni les ajoncs, ni les broussailles; elles sont adorables, en décembre surtout, ces avenues, puisque les grands «chênes-verts», et les phyllireas, qui forment parfois des charmilles à leurs pieds, jamais ne s'effeuillent; on peut y cheminer plus d'une demi-lieue sans voir autre chose que ces arbres magnifiquement pareils, et lorsqu'on arrive enfin au bord de la muraille rocheuse, qui limite le plateau et ses futaies, pour descendre à la zone plus basse des roseaux et de l'eau courante, l'horizon que l'on découvre est encore un horizon sans âge.

Et le charme si singulièrement souverain de cette forêt, c'est l'espace, les passages libres partout. Entre les touffes majestueuses des feuillages vert-bronze atténués de grisailles, on circule aisément sur de très fins tapis, et, cela donne une impression de bois sacré, de parc élyséen. Séjour pour le calme à peine nostalgique ou même pour le définitif oubli, dans l'enveloppement des vieux arbres et des vieux temps....

———————

Comme nous rebroussions chemin, sur les velours délicatement nuancés des mousses vertes ou grises, et que les tours du château, rougies par le soleil couchant, commençaient de réapparaître entre les énormes chênes tranquilles, mon hôte me dit tout à coup:

—Non! c'est trop beau, et nous serions trop coupables! Ecoutez, nous allons essayer de surseoir à la vente, si vous voulez nous aider à trouver l'acheteur qui ne détruirait pas....

Voilà donc pourquoi j'adresse cet appel à tous, et vraiment j'ai conscience de remplir un devoir envers ma province de Saintonge, même envers mon pays. Il y aura, je le sais, des imbéciles pour dire que je fais une réclame intéressée, mais cela me sera égal parce qu'ils resteront seuls à le croire.

A notre époque, qui est celle de la laideur envahissante, cette rage éhontée de déboiser partout arrive à son paroxysme, et, lorsque nos descendants comprendront enfin l'étendue de notre stupidité sauvage, il sera trop tard, car il faut des siècles et des siècles pour recréer de vraies forêts. Aux Pyrénées, restait celle d'Iraty, qui était immense et où la cognée n'avait jamais été mise; or la voici bientôt rasée jusqu'au sol, par des fabricants de je ne sais quel carton-pâte. Toutes celles de l'Est, vendues à des juifs allemands, et celle d'Amboise, condamnée à mort. L'Institut de France, qui, semble-t-il, devrait être gardien de toute beauté, donne lui-même l'exemple du meurtre. Près d'Hendaye où j'ai mon ermitage, deux vieillards que j'affectionnais tendrement avaient en 1902 légué à l'Académie des sciences leur château et leurs bois qui s'étendaient jusqu'au bord des hautes falaises marines; averti par la rumeur publique très accusatrice, j'y suis allé hier pour me rendre compte: hélas! je n'ai plus trouvé trace des allées où je me promenais naguère avec ces vénérables amis; les chênes étaient coupés et par endroits les souches arrachées. Ainsi une compagnie d'hommes distingués ou illustres, qui séparément désapprouveraient tous, a pu fermer les yeux sur ce vandalisme.

Dans notre pays cependant, tous les gens riches ne sont pas les grossiers brasseurs d'affaires qui abattent pour alimenter des scieries mécaniques ou des usines à papier. A mon appel surgira peut-être quelque acheteur d'élite, digne d'être l'habitant du château enchanté et capable de respecter alentour la vie des grands chênes séculaires. Mais qu'il se hâte, car la menace est pressante! Par discrétion envers celui-là, oh! je m'engagerais de bon coeur à renoncer au pèlerinage que tous les ans je faisais dans certains sentiers, satisfait avec la seule certitude que la chère forêt, où sont restés mes rêves d'enfant, poursuivrait le cours indéfini de sa durée, même après que j'aurai cessé de vivre.

P.-S.—Il faut pourtant bien que je me résigne à faire une sorte d'annonce plus précise, car je m'aperçois que l'on ne saurait même pas de quoi je veux parler. Il s'agit du château et de la forêt de La Roche-Courbon, sis en

Sainteonge, à vingt-deux kilomètres de Rochefort, environ trente-cinq de Royan et onze de la gare lapins prochaine.

NOYADE DE CHAT

Les chats ont un cri spécial pour l'heure de la grande angoisse, l'heure où ils voient la mort apparaître. Tous ceux qui les fréquentèrent et surent les comprendre le connaissent aussi bien qu'eux-mêmes, ce cri, tellement peu semblable à leurs habituels miaulements de demande, de vague ennui, décolère ou d'amour. C'est leur appel à on ne sait quelle pitié supérieure, obscurément conçue par eux,—pitié des êtres ou peut-être pitié latente des choses; on pourrait dire que c'est leur prière, leur prière d'agonie....

Hier après midi, au grand resplendissement de trois heures, au milieu du silence coutumier de ma maisonnette qui baigne dans l'estuaire basque, par ma fenêtre, j'entendis ce cri-là venir d'en bas, monter du bord de l'eau, et je vis les deux chats gardiens du logis, qui dormaient voluptueusement dans le jardin sur l'herbe, tout à coup dresser la tête, puis se lever, prendre leur course ensemble vers le balcon d'une terrasse qui domine la grève, pour voir quel drame se passait.

Quand je vins les rejoindre, leur attitude était caractéristique, et révélait un monde de pensées différentes dans ces deux petites cervelles fantasques, pour moi impénétrables à jamais. L'un, tout jeune, un matou de dix-huit mois, né dans la maison, heureux depuis l'enfance et par suite très confiant dans l'humanité, regardait, les oreilles droites, le cou tendu, les yeux dilatés, comme n'arrivant pas à bien comprendre et se refusant à croire. L'autre, sa mère, une vieille chatte violente et rancunière, qui a connu des jours sans pâtée et amassé maintes preuves de la malice des hommes avant de trouver enfin chez moi le bon refuge, l'autre était furieuse; en grondant, elle allait et venait, tournait sur elle-même à la façon des bêtes féroces dans leur cage, et évidemment devinait tout, ayant assisté souvent à des noyades pareilles; même à mon arrivée elle me fit la grimace et: Pft! pft! comme me rendant responsable aussi et m'englobant dans son dégoût de l'espèce humaine.

Ce que j'aperçus quand je regardai sur cette grève au-dessous de moi, dans la première minute, comme le jeune matou naïf, je ne compris pas bien. Une fille en cheveux—quelque servante du voisinage—était là debout, et près d'elle, se réfugiant tout contre sa robe, un pauvre chaton d'environ deux mois, mouillé, trempé, avec sur le museau un peu de sang qui coulait d'une blessure. C'était lui qui poussait le cri de la grande angoisse, ouvrant tant qu'il pouvait sa petite gueule rose bordée de perles blanches, levant vers la fille ses petits yeux pleins d'eau et pleins de larmes.

Dans la terreur de la mort entrevue, il exhalait à pleine voix sa suprême prière, tout enfantine: «Qu'est-ce que j'ai fait de mal, moi? Je ne suis qu'un pauvre petit chat innocent? C'est donc possible qu'on me tue comme ça?

Mais je demande grâce, vous voyez bien; je crie au secours! On n'aura donc pas de pitié!...»

Oh! le dernier cri des bêtes condamnées, leur pauvre cri qui est si inutile et qui, on le sait d'avance, ne touchera personne!... celui d'un boeuf à l'abattoir, même celui d'une humble poule qu'un marmiton égorge pour la faire cuire!...

Ce qui s'était passé avant mon arrivée sur la terrasse, je le reconstituai, bien entendu, presque aussitôt. La fille voulant noyer le chaton, sans avoir même la pudeur de lui mettre une pierre au cou pour que ce fût fini plus vite, avait dû le lancer d'abord du haut de son logis, par quelque fenêtre: d'où la blessure et le petit museau saignant. Ensuite, ayant vu qu'il nageait avec tant de courage pour essayer encore de survivre, elle était descendue afin de l'achever. Mais voici maintenant qu'elle prolongeait son attente et ses grands cris, ayant commencé de rire avec un batelier qui passait justement dans sa barque le long du bord et l'intéressait davantage.

Enfin, elle se baissa vers la petite chose impuissante et blessée qui l'implorait de toutes ses forces, et sans me laisser le temps d'intervenir, elle l'avait jetée à nouveau, d'une grosse main brutale, très loin, en plein courant. Quelques secondes on vit surnager deux oreilles minuscules, le bout d'une mince queue noire qui se tordait; et puis, plus rien: la petite chose qui avait tant supplié et tant souffert était rentrée dans la paix.

Alors elle s'en alla tranquillement, la sauvagesse, en gardant aux lèvres, à l'adresse du batelier, son sourire de brute.

Un moment plus tard, la chatte de ma maison, qui s'était rendormie sur l'herbe avec son fils, se réveilla inquiète; puis, jetant de vilains cris de haine, retourna vers la terrasse d'où elle avait vu tuer. Mais en route, distraite tout à coup, elle fit halte pour se lécher une griffe; évidemment les images se brouillaient dans sa tête, elle ne se souvenait plus bien, et, calmée, indifférente, elle revint se coucher.

Les bêtes ont leurs idées surtout par éclairs, d'une façon aussi vive que nous peut-être, bien que toujours incomplète et sans suite. La grande Pensée, immanente au fond de tout, et qui depuis les origines continue la lutte pour se dégager, s'est fourvoyée, comme en autant d'impasses, dans ces pauvres têtes-là, obscurcies de matière, et du reste à peu près imperfectibles,— fourvoyée bien plus maladroitement encore que dans les nôtres, qui restent cependant si inaptes à concevoir le pourquoi de la vie. Mais il est croyable que certains animaux supérieurs, pendant les minutes où ils sont lucides (chiens qui hurlent à la lune, chats qui se lamentent sur les toits les soirs d'hiver), sentent aussi désespérément que nous la tristesse d'être l'un des milliers d'échelons, si vite brisés, sur lesquels cette Pensée essaye sa marche ascendante,—l'indicible tristesse d'exister et l'horreur de finir.

Et nos Évangiles, pourtant si admirables dans les leçons de charité qu'ils nous donnent, ont une déroutante lacune: la pitié pour les bêtes n'y est même pas indiquée, alors que le Brahmanisme, le Bouddhisme et l'Islam nous l'enseignent en termes que l'on n'oublie plus.

L'AGONIE DE L'EUZKALERRIA

Hendaye, février 1908.

Au pays basque, notre hiver, qui est plutôt nuageux, plutôt tourmenté, nous réserve pourtant d'adorables surprises de tiédeur, dès que se met à souffler le vent du sud, grand magicien de la région.

Ce matin, quand se sont ouvertes mes fenêtres qui regardent l'Espagne, une fête de lumière commençait, sous un ciel idéalement pur. Pendant la nuit, le vent du sud, en un rien de temps, avait clarifié l'atmosphère; il soufflait doucement, pour nous apporter les langueurs, les limpidités du Midi espagnol, et c'était une trêve de quelques jours à ces longues bourrasques d'ouest, à ces plaies persistantes, qui font de ce pays une autre Bretagne, plus chaude que la vraie, mais aussi verte et aussi mouillée.

Donc, aujourd'hui, fête de soleil partout sous mes yeux. En face de moi, Fontarabie—qui, dans un avenir prochain, va être, hélas! irrémédiablement défigurée,—l'antique Fontarabie, aux couleurs de cuivre et de basane, trônait encore telle qu'autrefois, sur son rocher, au pied de la chaîne des Cantabres. Et plus loin la mer—qui va bientôt, hélas! m'être cachée derrière une ligne de modernes villas—traçait à l'horizon sa tranquille ligne bleue.

A un tel matin une journée a succédé, douce comme en juin. Et l'après-midi j'ai pris la route de la plage. Une petite route étroite, que j'ai connue jadis paisible et charmante; à présent, rétrécie encore par un tramway, et défoncée par les autos, si impraticable qu'il faut prendre à côté dans les champs.

Elle était tranquille et comme recueillie aujourd'hui, cette plage, dans une quasi-solitude que l'hiver lui a rendue et qui rappelait encore un peu ses chers aspects d'autrefois. Mais pourtant que de dégâts, commis déjà sur ces dunes et ces sables, depuis deux ans à peine que des spéculateurs s'y sont abattus, les ont achetés pour les *mettre en rapport*! Jadis, c'était un sol exquis, feutré et brodé de ces plantes délicates qui demandent des siècles de paix pour se produire: des mousses d'un velours spécial, des immortelles odorantes et des milliers de petits oeillets roses, parfumant les entours avec leur baume sauvage. De ce sol précieux, il ne reste plus que çà et là des lambeaux; tout est bouleversé, dénivelé, coupé de larges avenues empierrées que vont border les villas de demain. Les tapis d'oeillets roses ne seront bientôt plus ici qu'une légende du vieux temps.

En cette belle journée d'hiver, les intrus cependant n'étaient en vue nulle part, chassés sans doute vers les villes par tant de bourrasques et de pluies qui viennent de passer. On apercevait seulement au loin, sur le sable lisse et mouillé, tout au bord des lames qui déferlaient, des essaims de petits êtres, d'une taille de pygmée, cheminant avec lenteur et sans jeux: trois cents petits garçons et petites filles; les convalescents de la tuberculose; les hôtes de l'immense sanatorium que j'ai vu tout récemment fonder sur cette plage jusqu'alors déserte, et qui, de saison en saison, développe toujours plus ses maisonnettes à toit rouge, grandit, envahit comme un puissant village. Oh! les pauvres petits, loin de moi la pensée de protester contre leur présence, si peu décorative soit-elle, puisque cet air marin les sauve. Passe pour le sanatorium envahisseur. Mais les villas, les hôtels, le casino, les croupiers, j'en saisis moins les bienfaits.

Du côté sud de la grande plage, je regardais maintenant se détacher, sur le fond sombre des montagnes espagnoles, le groupe de ces villas qui ont surgi depuis une année, avec une stupéfiante vitesse,—et je me sentais forcé de convenir qu'elles n'étaient pas laides; que, si l'on s'en tenait là, ce serait acceptable encore. En effet, dans notre infortune, nous avons été assez heureux pour que le chef de l'exploitation ne fût qu'un demi-barbare; quelqu'un de déjà évolué, qui a dépassé tout de même l'époque du chalet polychrome à clochetons en zinc. Il a compris ce qui n'avait pu entrer jusqu'ici dans les cervelles bouchées des aménageurs de villes d'eaux, à savoir qu'ils ont intérêt, même pour attirer leurs clients, à laisser à chaque pays un peu de son caractère. Et ces aillas dont il vient de nous doter sont des Biaisons basques, interprétées avec une assez louable recherche d'exactitude; du toc s'y est glissé, il va sans dire; cependant, bénissons le destin qui nous a préservés du «modem style»!

Mais quelle mentalité ont-ils donc, en somme, ces malfaiteurs inconscients qui entreprennent d'aménager notre plage? Avant sans doute obscurément senti—puisqu'ils sont venus—le charme de l'Euzkalerria, ils ne s'aperçoivent pas qu'ils le détruisent! Ce charme, ont-ils vraiment cru pouvoir le maintenir ici, rien qu'en recopiant, ou à peu près, l'architecture de quelques maisons surannées? Et restent-ils incapables de comprendre ce qui va manquer à leur pastiche je ville basque: l'empreinte du passé, le mystère et l'indéfinissable calme, la protection latente des vieilles églises et le chant de leurs cloches, tout l'indicible de ce pays, et son âme enfin,—son âme ombrageuse qui bien entendu fuit et se dérobe à leur seule approche?...

«Nous vous amenons la richesse», disent-ils, de bonne foi sans doute. Et les gens, pris comme des alouettes au miroir, battent des mains à cette annonce, maudissant le prophète de malheur que je deviens, accueillent en naïfs ce semblant de luxe qui leur arrive. Déjà tout change dans la région contaminée et la tradition s'oublie, le béret se démode, la couleur s'éteint; des boutiques, qui étaient gentilles et campagnardes, s'affublent de vitrages «art nouveau»; le fandango, sur la place de l'église, disparaît devant le quadrille de barrière. Les besoins et les convoitises vont croissant; telle Basquaise, que j'ai connue charmante un foulard noué sur les cheveux, désorientée aujourd'hui sous son grand chapeau et son grand voile, quitte son travail pour aller jouer à la dame touriste en rôdant autour du casino le soir. Parmi les humbles, quelques-uns des plus avisés commencent bien à dire: «Mais nous payons tout plus cher, et bientôt comment pourrons-nous vivre?» Attendez, mes pauvres amis; ce n'est encore que le début; il ne sera pas pour vous, pêcheurs, ouvriers ou modestes marchands, l'or que jetteront peut-être ici les baigneurs, mais pour les aigrefins qui s'installent toujours à leur suite. Et vos fils deviendront des guides en tous genres à l'usage des étrangers. Quant à vos filles, ce sera pire; instruisez-vous d'ailleurs en observant Biarritz et Saint-Jean-de-Luz. Tout pays qui s'ouvre au tourisme abdique sa dignité, en même temps que son lot de paix heureuse....

———————

Le déclin magnifique du soleil m'annonçant l'heure où j'avais donné rendez-vous à mes partenaires de «pala», je me suis dirigé vers ce fronton du jeu de pelote, qui naguère attirait sur la plage une affluence purement basque. Et là encore tout était dérangé, meurtri,—car la destruction de cette place du jeu national est, hélas! décrétée par les nouveaux «aménageurs» de notre bord de mer.

A peine avions-nous commencé de jouer quand même, au milieu de ce désarroi d'abandon, que deux ou trois cents petits spectateurs venaient de près nous enserrer: toujours les hôtes du sanatorium, les petits tuberculeux déjà cicatrisés, en train de refaire ici leurs bonnes joues roses. Oh! bien gentils, les pauvres enfants, et bien empressés toujours à nous rapporter les pelotes lancées trop haut qui s'égaraient. Certes, j'aimais mieux les voir autour de moi que les touristes qui, cet été—si je' n'ai pas déjà dit adieu à ce pays,—viendront m'observer avec malveillance. Mais l'époque, si récente, où il n'y avait personne! Songer qu'hier encore cette plage admirable n'appartenait qu'aux Hendayais, aux paysans des hameaux d'alentour, et à quelques discrets artistes! La ligne fière des grands brisants et des sables fuyait alors ininterrompue, s'en allait mourir là-bas au pied de l'abrupte et déserte falaise cantabrique. Et lorsqu'on revenait du jeu de paume, par ces soirs de Biscaye qui sont tantôt limpides et dorés, tantôt alourdis de gros nuages fauves, on avait autour de soi d'exquises solitudes, où la silhouette de Fontarabie trônait dans le lointain comme une apparition des vieux temps. Et on était grisé par la senteur des dunes, toutes fleuries d'immortelles et d'oeillets roses.

Elle est donc imminente, disais-je, la destruction de ce fronton de pelote, où tant de braves paysans, le dimanche, au lieu d'aller au cabaret, passaient des heures bienfaisantes![2] Ayant un peu contribué à faire connaître au monde ce jeu traditionnel des Basques, je croyais qu'on aurait, sur ma prière, épargné ce vieux pan de mur, où je joue moi-même depuis douze ans, et j'avais de confiance adressé ma protestation aux autorités locales, mais, hélas! pour n'en rien obtenir.[3]

Je n'ai du reste aucune influence dans ce petit pays d'Hendaye. Oh! peut-être, si j'y avais bâti quelque villa pompeuse.... Mais je n'ai voulu y posséder qu'une maison de pêcheur et j'essaye, pour me reposer, d'y vivre de la vie des simples: alors, plus l'ombre de prestige. Et c'est à tel point que l'un quelconque de ces industriels venu; pour spéculer sur les terrains à la plage, éprouvant le besoin de m'invectiver par écrit parce que je n'applaudis pas son oeuvre, a laissé tomber dans sa lettre, après quelques impertinences dénuées d'originalité, cette perle dont il est sûrement incapable d'apprécier toute la mélancolique bouffonnerie: «Si ça ne vous plaît pas, allez-vous-en, monsieur Loti; vous *n'êtes plus* la curiosité d'Hendaye.» Mon Dieu, combien je l'accepterais volontiers, le rôle que ce monsieur m'assigne, en une phrase si lapidaire! Etre une «curiosité» qui a fini son service de réclame pour la région et qui cesse d'attirer le regard des badauds, mais voilà justement ce qui réaliserait mon rêve! Quant à m'en aller, c'est entendu. Et les quelques artistes qui fréquentaient aussi l'estuaire de la Bidassoa vont, je suppose, imiter ma fuite: à quoi bon rester, si Hendaye devient une succursale de Biarritz ou de Trouville? Il m'est pourtant cruel de dire adieu à ce coin de la terre que j'aime encore, et j'aurai peut-être la faiblesse défaire traîner mon départ quelques saisons, tant qu'on ne m'aura pas jeté bas ce pauvre mur de pelote auquel sont attachés mille souvenirs,—et surtout tant que Fontarabie, là-bas sur la rive d'en face, gardera intacte sa silhouette que connut Charles-Quint.

Mais Fontarabie est menacée du même coup, et là est le plus grave, là est le vrai motif de ce cri d'alarme que je veux jeter,—oh! bien vainement hélas! je le sais d'avance.

En effet, les exploiteurs de notre plage ayant demandé à la commission des Pyrénées le droit de combler une partie de la rivière, côté français, pour y asseoir leur future ville et leurs grands hôtels, les Espagnols, en échange, demandent qu'on les autorise à combler aussi et à établir, en avant du rocher où trône leur vieille cité héroïque, un terre-plein pour y poser des rangées de villas qui masqueront tout, les adorables maisons du moyen âge, le château de Jeanne la Folle et l'église. Si l'autorisation est accordée de part et d'autre, ce sera fini de cette ville du passé, qui était une relique miraculeusement conservée, qui devenait un lieu de pèlerinage pour tous les peintres du monde, qui détenait à elle seule toute l'étrangeté charmante de l'estuaire. Et qu'est-ce que cela va être, ces chalets qui, en guirlande, surgiront de la rive espagnole? Lorsqu'on observe ce qui se bâtit de nos jours à Irun et autour de Saint-Sébastien (de l'art nouveau allemand, du prétentieux, du saugrenu), il y a bien de quoi frémir! Je voudrais donc supplier, conjurer nos amis d'Espagne de suivre au moins l'exemple que leur donnent, de ce côté-ci de la frontière, les «aménageurs» français, et de construire comme eux en style basque, par un dernier respect pour leur Fontarabie, et afin de ne pas ridiculiser trop piteusement un site qui fut si beau. Nous sommes, c'est vrai, à l'âge de la laideur utilitaire et de la destruction stupide. Mais une tendance à réagir s'indique toutefois; on regrette, on proteste; un semblant de goût s'infiltre peu à peu du haut en bas des couches sociales. Ce scrupule qui fait que, sur notre plage, on va bâtir, au lieu d'une horreur quelconque, une ville pseudo-basque, de loin presque jolie, est un signe des temps, et les fils des demi-barbares déjà capables d'une telle idée seront peut-être les vrais artistes de demain. Il faut songer à la génération qui suivra la nôtre, craindre son jugement et ne pas commettre de trop irrémédiables sacrilèges.

Pauvre pays basque, si longtemps intact, comme une sorte de petite Arabie, défendu qu'il était par sa fidélité aux traditions ancestrales et par son langage qui ne peut s'apprendre, le voici donc qui s'en va tout d'un coup! Depuis très peu de saisons, le tourisme, qui semblait l'ignorer, l'a enfin découvert. Des milliers d'oisifs, de snobs accourus des quatre vents de l'Europe, s'y déversent en troupeau chaque année; alors, pour les accueillir et les rançonner, on multiplie les bâtisses à façade tapageuse, les casinos, les voies ferrées et les fils électriques. D'invraisemblables *articles de modes* arrivent à pleins wagons pour coiffer les jolies Basquaises de la campagne.

Bientôt, plus un village qui ne soit défiguré comme à plaisir; pas une chaumière qui ne soit honteusement maculée par les écriteaux de l'«Oxygénée verte» ou de l'«Amer Picon».

Rien à faire contre tout cela, je le sais bien. Mais voici un projet néfaste, en ce moment à l'étude, que je dénonce à la société «Protectrice des paysages français». Entre Saint-Jean-de-Luz et Hendaye, subsiste encore par miracle une étendue de côte magnifiquement déserte, des falaises restées fières et sauvages.

Eh bien, on veut, tranchant les rochers, nivelant les sables, y faire passer une ligne de tramway, pour l'amusement des snobs en voyage. Il y en a déjà tant et tant, de lignes ferrées, à l'usage de ces gens-là, et tant de plages travesties suivant leur goût! Ne pourrait-on songer un peu aussi aux vrais artistes, et leur réserver un lieu de paix le long de la mer? Vraiment, il est des sites qu'il faudrait respecter et qui devraient devenir intangible propriété nationale, comme nos monuments ou les objets d'art de nos musées.

Dans l'avenir, aux yeux de nos descendants plus affinés, ils seront de grands malfaiteurs, ces hommes qui, pour amasser de l'or, détruisent si aveuglément, dans nos horizons de France, les dernières réserves de calme et de beauté.

LE GAI PÈLERINAGE DE SAINT-MARTIAL

Hendaye, huit heures du matin, le 30 du beau mois de juin. Un peu tard pour me rendre dans la montagne espagnole, au gai pèlerinage du jour. Les autres pèlerins, j'en suis sûr, sont déjà en marche et j'arriverai le dernier.

Tant pis! En voiture, afin de regagner le temps perdu, je pars pour Saint-Martial, espérant rattraper encore la procession qui m'a certainement beaucoup devancé. Au sommet d'un coteau pointu, en avant de la grande chaîne Pyrénéenne, la vieille chapelle de Saint-Martial est perchée, et, d'ici, des bords de la Bidassoa, on l'aperçoit en l'air, toute blanche et toute seule, se détachant sur le haut écran sombre des montagnes du fond. C'est là que, depuis quatre siècles à peu près, il est d'usage de se rendre tous les ans à même date, pour une messe en musique et en costumes, à la mémoire d'une ancienne bataille qui laissa sur cette petite cime nombre de morts couchés dans la fougère.

Il a plu toute cette nuit; les campagnes mouillées sont vertes à l'infini, vertes de ce vert frais et printanier qui dure à peu près jusqu'à l'automne, en ce pays d'ombre et d'averses chaudes. Surtout cette montagne de Saint-Martial est verte particulièrement, à cause des fougères qui la recouvrent d'un tapis, et il y croît aussi des chênes, aux feuilles encore tendres, qui y sont clairsemés avec grâce comme, sur une pelouse, les arbres d'un parc. Puisque je suis en voiture cette fois, c'est par la nouvelle route carrossable que je monte vers la chapelle blanche de la cime. Mais d'autres chemins,—d'étroits sentiers, des raccourcis à peine tracés dans l'herbe et les fleurettes sauvages,—conduisent plus directement là-haut. Et tout cela qui, en dehors de ce jour consacré, reste d'un bout de l'année à l'autre solitaire, tout cela est plein de monde à cette heure, plein de pèlerins et de pèlerines en retard comme moi, qui se dépêchent, qui grimpent gaiement avec des rires. Oh! les gentilles toilettes claires, les gentils corsages roses ou bleus des jeunes Basquaises, toujours si bien attifées et si bien peignées, qui aujourd'hui promènent des nuances de fleurs sur tout ce manteau vert de la montagne!

Par les sentiers ardus grimpent aussi des marchands de bonbons, de sucreries, de vins doux et de cocos, portant sur la tête leurs marchandises, en édifices extravagants. Et des bébés, des bébés innombrables, grimpent par troupes, par familles, allongeant leurs petites jambes, les plus jeunes d'entre eux à la remorque des plus grands, tous en béret basque, bien entendu, et empressés, affairés, comiques. On en voit qui montent à quatre pattes, avec des tournures de grenouilles, s'accrochant aux herbes. Ce sont du reste les seuls pèlerins un peu graves, ces petits-là, les seuls qui ne s'amusent pas: leurs yeux écarquillés expriment l'inquiétude de ne pas arriver à temps, la crainte que la montagne ne soit trop haute; et ils se dépêchent, ils se dépêchent tant qu'ils peuvent, comme si leur présence à cette fête était de nécessité capitale.

La route carrossable, en grands lacets, où mes chevaux trottent malgré la montée roide, croise deux, trois, quatre, cinq fois les raccourcis des piétons, et à chaque tour je rencontre les mêmes gens, qui, à pied, arriveront aussi vite que moi avec ma bête de voiture. Il y a surtout une bande de petites jeunes filles de Fontarabie, en robes d'indienne rose, que je rencontre tout le temps. Nous nous connaissions vaguement déjà, nous étant vus à des fêtes, à des processions, à des courses de taureaux, à toutes ces réunions de plein air qui sont la vie du pays basque, et ce matin, après le deuxième tournant qui nous met l'un en face des autres, nous commençons de nous sourire. Au quatrième, nous nous disons bonjour. Et, amusées de cela, elles se hâtent davantage, pour que nos rencontres se renouvellent jusqu'en haut. Mon Dieu! comme j'ai été naïf de prendre une voiture pour aller plus vite, sans songer que ces lacets n'en finiraient plus! Aux points de croisement, elles arrivent toujours les premières, un peu moqueuses de ma lenteur, un peu essoufflées aussi, mais si peu! la poitrine gentiment haletante sous l'étoffe légère et tendue, les joues rouges, les yeux vifs, le sang alerte, des contrebandier» et des montagnards en mouvement dans toutes leurs veines....

A mesure que nous nous élevons, le pays, qui alentour paraît grandir, se révèle admirablement vert au loin comme au près. A notre altitude, tout est boisé et feuillu, c'est un monde d'arbres et de fougères. Et, plus verte encore que la montagne, la vallée de la Bidassoa, déjà très bas sous nos pieds, étale, jusqu'aux sables des plages, la nuance éclatante de ses maïs nouveaux. Au delà ensuite, vers l'horizon du nord, le golfe de Biscaye se déploie, infiniment bleu, le long des dunes et des landes de France, dont on pourrait suivre la ligne, comme sur une carte, jusqu'aux confins de la Gascogne.

Mais, tandis que toute cette région des plaines et de l'Océan s'abîme en profondeur, au contraire les Pyrénées, du côté opposé, derrière le coteau que nous gravissons, nous font l'effet de monter avec nous, toujours plus hautes et plus écrasantes au-dessus de nos têtes; au pied de leurs masses obscures, encore enveloppées des nuages et des dernières averses de la nuit, on dirait un peu des jouets d'enfant, cette petite montagne où nous sommes et cette petite chapelle où nous nous dépêchons d'aller.

Décidément, je suis en retard, car j'aperçois, en levant les yeux, la procession bien plus près d'arriver que je ne croyais; elle est déjà dans le dernier lacet de la route, presque à toucher le but; la multitude de ses bérets carlistes chemine en traînée rouge, dans le vert magnifique des fougères. Et voici la cloche de la chapelle qui, à son approche, entonne le carillon des fêtes. Et bientôt voici les coups de fusil, signalant qu'elle arrive! C'est fini, nous aurons manqué son entrée.

A part quelques pauvres bébés, restés en détresse parmi les herbes, nous sommes les derniers ou à peu près, ces petites filles et moi, ces petites filles en robe rose ou bleue, qui n'ont pas perdu leur distance dans les raidillons de la fin. Ma voiture en va rejoindre d'autres, qui sont là au repos, avec quelques chevaux de selle, quelques mules dételées, et je commence de fendre à pied la joyeuse foule, groupée sur l'esplanade que la chapelle domine. Tant de bérets rouges, sur ces grands fonds verts, on dirait vraiment un champ de coquelicots, et la vieille chapelle, derrière eux, est toute blanche de la couche de chaux qu'on lui a mise au printemps.

La messe que l'on va nous dire ce matin sur cette cime, étant commémorative d'une victoire remportée jadis ici même par les milices basques sur des troupes franco-aile mandes, sera une messe militaire, avec mouvements d'armes et sonneries de trompettes. Et la procession aussi est militaire, ou tout au moins a l'intention de l'être; en montant par les chemins en zigzag, elle traînait avec elle un canon de campagne; précédée d'une vénérable bannière du moyen âge, elle avait à peu près l'aspect et l'ordonnance d'une petite armée. Soldats et officiers d'un jour, dans des uniformes de fantaisie, jeunes hommes quelconques, déguisés pour la circonstance et manoeuvrant des fusils de chasse. Cantinières surtout, cantinières à profusion, chaque compagnie d'une dizaine de ces soldats ayant sa cantinière, pimpante et rieuse: quelque tille de contrebandier ou de pêcheur, aujourd'hui en courte jupe de velours et en corsage doré, coiffée du béret carliste et marchant allègrement au pas, tout en jouant de l'éventail.

Cette petite armée est là maintenant, à la débandade et bavardant jusqu'à ce que la messe commence. Malgré le vent frais des hauteurs, les éventails des cantinières s'agitent toujours, comme s'il faisait très chaud.

Au bord même de l'esplanade, sur un mur bas que verdit la mousse, elles s'asseyent un instant pour se reposer, ces cantinières, après avoir soigneusement relevé leurs belles jupes de velours. Et elles s'éventent, elles s'éventent, avec leur aisance espagnole à varier ce geste-là.

Elles se penchent aussi, pour s'amuser à voir le pays qui se déroule en-dessous: Fontarabie, Hendaye, Irun, Behobia, maisonnettes de couleur rousse, ça et là groupées autour d'un vieux clocher, au milieu de l'envahissante verdure des arbres; et la Bidassoa, avec ses circuits et ses îlots, contournée en arabesques bleues dans le royaume des maïs verts....

Ces jeunes filles,—à peine jolies pourtant,—la grâce de leurs poses, le clinquant de leurs costumes, tout cela arrive à s'harmoniser d'une façon délicieuse avec les lointains riants et clairs qui vont se perdre là-bas vers l'Océan. Et, par contraste, l'autre côté de l'immense tableau, le côté des montagnes, demeure à ce matin dans l'ombre farouche; sur nous, les

Pyrénées brunes, gardant leurs nuées d'orage, s'obstinent à composer en haut des fonds dantesques et sombres, qui détonnent avec les gaietés ambiantes.

C'est en plein vent que la messe sera dite, sur la terrasse, en vue de cet incomparable panorama du golfe de Biscaye. L'autel, garni d'une draperie rouge et d'une mousseline, a été dressé contre le vieux mur blanc de la chapelle, au-dessus de l'ossuaire où dorment les restes des combattants de jadis, et on y apporte un à un, avec respect, les objets sacrés qui étaient dans le choeur: des flambeaux qu'on allume et dont le grand air tourmente la flamme; un ostensoir, une clochette; enfin, l'antique statue de saint Martial, qui tous les ans une fois quitte la pénombre humide pour venir voir un peu le soleil du nouvel été.

Maintenant, à un appel de trompette, l'enfantine armée, les petits soldats et leurs petites cantinières, essayant de se recueillir pour un instant, s'alignent autour des prêtres, et la messe commence. Sans doute parce qu'il y a trop d'air ici, trop d'espace vide, elle prend un son frêle, cette trompette, un son tremblotant et comme perdu. De même, la fanfare d'Irun, qui est de la cérémonie, s'entend comme en sourdine, le vent, l'altitude peut-être atténuant les notes de ses cuivres.

Tout le monde vient de plier le genou dans l'herbe: l'élévation!... Une minute de vrai religieux silence. La musique entonne très doucement la marche nationale; les bérets rouges s'inclinent de plus en plus, jusque par terre, et des vieilles femmes prosternées, le visage caché sous des mantilles de deuil, égrènent des chapelets. C'est adorablement joli, au soleil, ces prêtres en dalmatique de soie d'autrefois, ces groupes agenouillés, et cette musique qui semble lointaine. Quelque chose peut-être monte à ce moment vers le ciel, quelque chose de cette prière dite sur une montagne, au-dessus des clochers et des villages, au milieu de la magnificence des verdures de juin, entre les Pyrénées sombres elle déploiement bleu de la mer....

Mais l'impression religieuse est furtive ici, avec toute cette jeunesse excitée. La fanfare, qui d'abord jouait des morceaux presque lents et pensifs, ne peut longtemps s'y tenir, passe bientôt à des rythmes plus gais—et oui à coup se lance délibérément dans un air de fandango.

Ite, missa est! Tout le monde se relève. La petite armé aux bérets rouges fait au pas accéléré le tour de la chapelle, puis décharge ses fusils en l'air. Et c'est fini, on va pouvoir s'amuser!

D'abord, on s'étend sur l'herbe, pour manger des bonbons et boire du rancio. Puis, musique en tête, on va redescendre en se dandinant. Avec force parades, contremarches et saluts, on ira remiser à la mairie d'Irun la bannière sacrée. Et, tout de suite après, on dansera sur la place; on dansera éperdument jusqu'au milieu de la nuit.

P.-S.—Samedi 1er juillet. Deux jeunes pèlerins se sont poignardés hier au soir à mort, au retour de Saint-Martial, l'un ayant jugé que sa fiancée s'était assise trop près de l'autre, là-haut, dans la fougère.

PREMIER ASPECT DE LONDRES

Juillet 1909.

Que de surprises me réservait l'Angleterre,—outre la plus grande, qui fut celle de m'y voir!

D'abord Londres: une ville où j'avais juré de ne jamais venir, mais qu'aujourd'hui je me pique vraiment d'avoir découverte. Sous son ciel de pluie, je me l'imaginais compacte et oppressante, avec de trop hautes maisons comme en Amérique, et je la trouve au contraire étalée paisiblement, presque diffuse si l'on peut dire, parmi ses jardins aux grands arbres, ses prairies et ses lacs. Cette expression surannée, qui servait à nos pères pour désigner Paris, lui conviendrait à merveille: le grand village.[4] A chaque instant, au détour de quelque rue élégante, c'est à se croire en pleine campagne; entre des berges de haute verdure, une rivière coule, propre et tranquille; ou bien, sous des ormeaux séculaires, s'en vont à perte de vue des pelouses mouillées où paissent des moutons.... Oh! ces moutons au milieu de Londres!... Or, ils sont là—tant ce pays est respectueux de son passé—en vertu de certains droits de pacage consentis jadis à des communautés, il y a des siècles, quand la ville s'étendait à peine et que ces squares restaient de simples champs.— Se représente-t-on, à Paris, une communauté réclamant des droits pareils sur quelque terrain entre l'Opéra et la Madeleine?

Je crois bien que la brume est complice dans l'illusion de profondeur que nous donnent ces parcs anglais; plus ou moins ténue, elle veille toujours là, pour estomper les lointains, simuler des rideaux de forêt, et c'est elle aussi qui, dès les seconds plans, agrandit à l'excès tous les arbres.

Pas une heure sans pluie, et, dès le soir, une humidité glacée qui vous pénètre. Il paraît que je tombe sur une saison exceptionnelle et on m'affirme que d'ordinaire le mois de juillet, même ici, est lumineux.—(Dans chaque pays nouveau, on tombe immanquablement sur un mauvais temps d'exception.)—Donc, le ciel terne est comme rapproché de la terre. Sans trêve, il pleut, mais cela n'empêche pas les petites rivières, entre les pelouses en velours et les massifs de fleurs, d'être sillonnées de yoles par centaines où des jeunes misses font du canotage, vêtues de blanc comme pour un vrai été. Le long de ces eaux, sur les bords irréprochables, quel art soigneux dans l'arrangement des plantes, le choix des fleurs! Par nuances qui se font valoir, on a groupé tout cela; les érables rouges du Japon à côté des fusains dorés, les pavots jaunes d'Irlande parmi les hortensias bleus. Des rhododendrons, fleuris follement, semblent d'énormes bouquets roses. Des palmiers qui hivernent en serre, de grands arbustes des Indes sont plantés çà et là comme au hasard, afin de donner une impression de pays tropical tant que dure le pâle été. Et,—détail très anglais,—des boîtes tout à fait commodes attendent, de distance en distance, que les passants veuillent bien y déposer journaux ou enveloppes; sur ces prairies artificielles, on ne voit point traîner les mille chiffons de papier qui sont des laideurs de chez nous.

Toute cette exubérance imprévue de la verdure me fait retrouver au fond de ma mémoire une phrase oubliée depuis l'époque des versions latines: «*Tempora sunt mitiora quam in Galliâ*», écrivait Jules César, en parlant de ces îles où déjà les Romains avaient constaté les tiédeurs du Gulf-Stream. En effet, si nos fruits de France ne mûrissent pas ici, en revanche ce ciel, toujours voilé et à peine plus froid que celui de notre Midi français, peut couver d'admirables fleurs et développer lentement des ramures prodigieuses. Les ormeaux, les chênes, les cèdres de Londres, respectés d'ailleurs depuis des siècles, trônent avec des airs de géants sur l'herbe si bien tondue. Et ce peuple anglais,—trop destructeur, hélas! hors de chez lui,—trouve des soins touchants même pour ses vieux arbres morts, qu'il ensevelit sous des amas déplantes grimpantes, au lieu de les arracher comme nous ne manquerions pas de faire.

Mais, au sortir des jardins délicieux, dans ces rues de grande ville où l'on retombe sans transition, combien Londres apparaît banal et quelconque! Des maisons de plâtre ou de brique, qui ont tourné tristement au noir, à force de baigner dans les fumées de houille. Tout le mauvais goût qui sévissait au commencement du siècle dernier: colonnades en toc, faux italien, faux corinthien, faux dorique, plus pitoyables sous la lumière du Nord. Nulle part ces belles grisailles de la pierre, nulle part ces belles lignes sobres, droites, ininterrompues qui récemment encore (avant les Elysée-Palace et les hôtel Meurice) caractérisaient Paris. Rien non plus d'un peu comparable à cette avenue souveraine qui commence à l'Arc de Triomphe pour aboutir si magnifiquement au Louvre.

Il existe pourtant un quartier qui est comme le coeur de cette ville éparse, un lieu d'une beauté étrange, sombrement dominateur, que je connais d'avance par les images ainsi que tout le monde: le long de la Tamise, à côté de Westminster, ce palais du Parlement, sorte d'immense futaie de flèches gothiques, dressée tout au bord de l'eau comme une falaise en dentelles grises, et mirant dans le fleuve de hautes silhouettes légères. C'est là que je vais, pour ma première sortie dans Londres; mais il y a loin, et en chemin mille détails amusent mes yeux qui n'avaient jamais vu l'Angleterre.

Tant de fleurs partout! Le moindre balcon, la moindre fenêtre ressemble à une corbeille de jardinier; voici même des plantes sous globe, par précaution contre la fumée et la pluie.

Il passe des Écossais en courte jupe, qui jouent de la cornemuse. Il passe des enfants, chantres de chapelle protestante, qui sont coiffés d'une petite toque surannée et gentiment cocasse. Beaucoup de misses en robe blanche, éclaircissant la tonalité générale qui serait plutôt triste. Beaucoup de soldats en dolman vermillon; assis à côté de leur «payse» sur les bancs des squares, ils éclatent comme des coquelicots dans de l'herbe. Des squares, des squares plus encore que de maisons; c'est un jardin, un bois, autant qu'une ville. Mais les moutons, qui paissent dans ces prairies encloses, ont bien la laine un peu noirâtre, passée à la fumée de houille, comme sont toutes les choses de Londres, à l'exception des verdures nouvelles. Du reste les moineaux aussi, les moineaux qui picorent à terre, ont les ailes comme charbonnées.

Combien tout est correct, méthodique, dans ces rues, dans la manière de circuler de ces foules! Ni encombrement, ni disputes; personne n'élève la voix, pas même les cochers en collision. A tous les carrefours, d'innombrables agents de police, sans rien dire, d'un geste qui vise à la grâce, de minute en minute arrêtent les voitures, les automobiles, font traverser les piétons, qui ne disent rien non plus. Et combien la mise des femmes est discrète, très *province* même, dirait-on chez nous; les élégances d'ici—et il en est d'extrêmes—se réservent pour le soir et d'ailleurs ne descendent guère jusqu'à la classe moyenne. Nulle part de ces stupéfiants chapeaux qui, en pleine avenue de l'Opéra, font songer au promenoir d'un asile d'aliénées. Le diable sans doute n'y perd rien; mais les apparences, oh! les apparences, avec quel soin on les sauvegarde! Et c'est bien quelque chose, de ne pas faire impudent étalage.

Malgré de fréquentes ondées, les parcs ombreux, les petits batelets des pièces d'eau ne désemplissent pas; ces gens veulent quand même jouir de la courte saison qui devrait être belle, et s'asseoir sous leurs grands arbres vénérables.

C'est étrange, je me figurais qu'à Londres tout me serait antipathique, et au contraire j'y sens fléchir par degrés mes haines de race contre ce peuple, éternel ennemi du nôtre. Ceci est du reste proverbial: on ne connaît les Anglais qu'en les rencontrant chez eux.

L'envie me prend même de descendre de voiture, pour me mêler aux gens de la rue, ou pour flâner dans les squares, regarder canoter les misses en robe blanche. J'oublie le Parlement et Westminster; me voici sans but, promenant à pied, sous une vague pluie qui tombe d'une façon presque aimable et ne mouille pas.

Beaucoup de bonhomie chez ces promeneurs de Londres,—et, sans nul doute, *individuellement*, de la bonté. Un malheur pour l'Angleterre est d'avoir confié les affaires du Transvaal et de la vallée du Nil à des hommes de proie, en qui s'exagéraient les plus implacables duretés *collectives* de la race anglo-saxonne, et qui l'ont fait pour longtemps honnir. Mais déjà au Transvaal la bonté personnelle du Roi a prévalu, et l'heure peut-être viendra pour les Egyptiens de sentir se desserrer l'inique étreinte....

A nouveau des perspectives d'arbres se déplient devant moi, ramenant l'illusion qu'une forêt doit être proche. Sur les pelouses, un feu d'artifice en géraniums tout rouges, et, à ma droite, un palais plutôt maussade, aux murailles enfumées, presque noires: Buckingham Palace, la résidence royale; n'était alentour cet espace libre qui lui donne grand air, il ne semblerait ni assez beau ni assez vaste pour de tels souverains.

La foule est là, qui stationne, rangée le long des trottoirs, attendant quelqu'un ou quelque chose. Une voiture vient de passer, très saluée, qu'à peine j'ai eu le temps d'apercevoir, et des ouvriers, arrêtés aussi pour regarder, m'apprennent que c'étaient le prince et la princesse de Galles;—(ils prononcent leurs noms avec une nuance de respect que nous n'aurions plus en France). Ils sont polis, ces ouvriers, l'air bon enfant. Si je veux rester, me disent-ils, je verrai le Roi et la Reine, qui vont sortir bientôt.—Certainement je resterai, car c'est aussi une manière de faire connaissance avec les Majestés, que de les observer d'abord d'en bas, mêlé aux plus humbles sur leur parcours.

Énormément de monde. Et le spectacle cependant doit être usé ici, car les souverains, paraît-il, sortent souvent. Mais leurs sujets aiment bien les revoir et s'amassent toujours, comme naguère, dans nos campagnes françaises, on accourait sur le passage du Saint Sacrement. Le Roi, pour les Anglais, représente encore l'âme de l'Angleterre,—et on comprend tout ce qu'une telle idée doit donner à un peuple de cohésion et de solidité.

Je regarde les pelouses, empourprées de géraniums, et le palais morose, qui semble au milieu d'un bois. A chaque porte se tiennent des soldats rouges, plus roides que les nôtres, coiffés d'un haut bonnet à poils qui chez nous figurerait un objet préhistorique; ils sont placides, décoratifs, et d'ailleurs inutiles, tant la résidence paraît gardée par le respect de tous.

Enfin, la voiture royale! Elle s'avance au trot rapide, précédée d'une escorte de cavaliers rouges qui ont très noble allure. J'aperçois le visage du Roi, au moment où il rend le salut à un groupe de presque miséreux; il a l'air bienveillant et bon; il sourit, on devine qu'il se sent en confiance, comme vraiment au milieu des siens. Et, à côté de lui, est-ce possible que ce soit la Reine? cette encore si jeune femme dont le profil exquis, plus fin que ceux que Ton grave sur les camées, accuse à peine trente ans.

BERLIN VU DE LA MER DES INDES

Novembre 1899.

De loin et par contraste, des choses, des lieux, que l'on avait assez distraitement vus en passant, vous réapparaissent quelquefois en souvenir, sous leurs définitifs aspects, et l'on en demeure obsédé. Ainsi aujourd'hui, au milieu de tout ce bleu de la mer des Indes—où je m'en vais doucement, bercé sous le soleil—l'image d'une ville du Nord, que je visitai il y a vingt jours à peine, revient me poursuivre. Oh! l'oppressante et triste ville!...

Je ne sais quelle curiosité me prit de la connaître, cette capitale allemande, que je me refusais à croire ennemie, et c'est à la veille même de mon départ pour l'Inde profonde que brusquement je décidai de l'aller voir.

Le trajet, par l'express de Liège, fut déjà pour me serrer le coeur. Octobre finissait, sur notre Europe effeuillée,—et il y a toujours une mélancolie à s'en aller, les soirs d'automne, très vite vers le Nord: on sent baisser d'heure en heure la lumière, non pas seulement parce que le jour décline, et aussi la saison, mais parce que l'obliquité du soleil augmente et que ses rayons se décolorent dans de plus hâtifs crépuscules.

Donc, je roulais vers la Prusse, vers Berlin. Au milieu des campagnes belges, de plus en plus dénudées, passaient les villes et les villages, en briques rouges et ardoises, avec force tuyaux d'usine,—tout cela d'une couleur si sombre, après les maisons blanches de mon sud-ouest français! La lumière baissait, baissait; on percevait aussi raccourcissement de la journée, dû à ces latitudes plus hautes; le soleil, paiement rose, semblait s'enfoncer avant l'heure dans des brumes déjà hivernales. Et, de s'en aller si vite, si vite, à la façon moderne, ne m'était point la notion de toute la distance parcourue vers les régions grises; alors, dans l'engourdissement d'un demi-sommeil, me venait presque une anxiété nerveuse—oh! tout à fait enfantine, je le reconnais—à l'idée que, si cette vitesse extrême faisait défaut, allait se détraquer avant le retour, il faudrait beaucoup de temps ensuite pour rebrousser chemin vers mon pays plus clair....

La Belgique et la moitié de l'Allemagne, franchies à toute vapeur, en pleine nuit, à grand fracas de sifflets et de ferraille: un voyage de cauchemar, eussent dit nos pères, mais cette façon de voyager devient universelle, à notre époque affolée. Parfois, aux instants d'arrêt, des milliers de feux, reflétés dans de l'eau noire, indiquaient la grandeur et le pullulement des villes fluviales, au milieu de régions sans doute humides et grasses. Je me rappelle surtout—quand des voix germaniques crièrent un nom de ville dont nous avons fait en français «Cologne»,—je me rappelle les alignements infinis de lampes qui se répétèrent en traînées dans le Rhin. Mon Dieu, que de feux allumés sur le monotone parcours: même au milieu des campagnes, des lampes électriques éclairaient blême et froid dans le brouillard obscur, des séries de hauts fourneaux lançaient vers les ténèbres du ciel leurs flammes rouges,—tout cela révélant une vie nocturne anormale, surmenée, fébrile, épuisante. En vérité, ce coin de notre pauvre petite Europe, déjà si usée partout et défraîchie, semblait plus particulièrement travaillé par le microbe humain....

Oh! les nuits limpides et silencieuses en Orient, les nuits où les hommes sommeillent, rêvent et font leur prière!...

Repassant ensuite en plein jour, pour revenir vers la France, je les vis, ces usines, ces manufactures allemandes, monstrueuses bâtisses en briques, rougeâtres ou charbonnées sous le gris des nuages,—et d'ailleurs toutes neuves, car la fièvre de l'industrie est dans ce pays-là un mal récent. J'avais envie de leur crier, à ces pauvres ouvriers conduits en troupeau: «Vous vous trompez, ou l'on vous trompe. Le bonheur n'est point dans le surmenage des fabriques; ni la prospérité durable, dans l'excès de produire. Bientôt, inévitablement, vous connaîtrez de terribles lendemains. Retournez donc plutôt dans les champs, où vos pères travaillaient.»

Je dis cela... mais c'est peut-être moi, l'égaré. J'avoue ne point connaître grand'chose aux questions sociales. En ce moment surtout, je suis quelqu'un qui s'en va vers l'Inde, vers la paix de l'Inde,—autant dire quelqu'un *qui n'y est plus*....

───────

Berlin, où j'arrivai au petit jour, me surprit dès l'abord par son luxe étourdissant, tout flambant neuf, son luxe de parvenu, si l'on peut dire ainsi lorsqu'il s'agit d'une ville.

Sur l'avenue des Tilleuls—qui était le centre élégant d'autrefois, avant le grand empire, et qui a conservé, au milieu du clinquant des rues nouvelles, un certain air de discrétion comme il faut,—le hasard me fit loger dans un hôtel genre vingtième siècle, où sévit d'une façon intolérable la tyrannie de l'électricité, du soi-disant confort, des trop ingénieuses petites inventions. Et je passai là trois ou quatre jours de morne ennui, m'évertuant à m'intéresser à quelque chose, et n'y arrivant jamais. On me disait: «Visitez les musées, les palais.» Mais qu'est-ce que ça pouvait me faire, ces musées garnis de tableaux venus d'ailleurs, ces palais en style de partout, sans une note d'art local nulle part? Et j'errais au milieu des foules, par les rues où l'on respirait du froid. Bien inélégantes, ces foules, mais polies et bonnes personnes. Des femmes au frais visage, d'un rose exquis d'hortensia, mais portant des chapeaux mal emplumés et des bottines à élastiques, avec des chaussettes cachou.—Mon Dieu, combien je trouve puéril que ce détail de leurs chaussettes cachou vienne me faire sourire jusqu'ici, dans la sérénité hautaine de la mer!—Malgré la brume pénétrante et mauvaise, les passants—qui avaient l'air de fort braves gens, je le reconnais—s'exclamaient entre eux sur la clémence du ciel: «Ah! le beau temps, l'incomparable automne que nous avons!... Mais, par exemple, si le vent de Russie vient à souffler....» Et l'envie me prenait de m'en aller plus vite, pour éviter ce vent-là.

Cependant, par exception, il ne gelait pas encore, c'est vrai. Et dans ce grand bois de chênes, qui est une surprise et un repos en plein centre de la ville, on pouvait presque se promener sans hâte, sous la pluie des feuilles jaunes et des feuilles rousses: un lieu charmant, malgré la pauvreté de sa flore et malgré l'invasion un peu barbare des statues neuves; des recoins tranquilles et quasi sauvages, jouant les dessous de forêt, à deux pas des tramways, des brasseries,—et, le soir, comme on n'éclaire point, des amoureux partout, dans le brouillard glacé.

Il y avait aussi pour moi, à l'entrée de ce bois, un petit coin de patrie, où je revenais d'instinct, comme un exilé: l'ambassade de France, avec son square où des rosiers du Bengale fleurissaient encore, grâce à la douceur inusitée de la saison. Et je me rappelle, sur ces fleurs, un matin de soleil, le passage d'un pauvre grand papillon, engourdi et lent, qui semblait s'étonner de si longtemps vivre.... Un papillon sur des roses, à Berlin, en novembre, on sentait l'anomalie de cela, et je ne saurais vraiment dire pourquoi c'était si mélancolique.

Et, quand je m'étais longtemps ennuyé dans les rues, je remontais, au déclin du jour, m'ennuyer dans ma chambre, que des radiateurs avaient clandestinement chauffée sans y amener de gaieté. Accoudé à ma fenêtre, derrière les vitres doubles, je regardais le va-et-vient de l'avenue des Tilleuls, les piétons, les cavaliers, les voitures. Quelle lugubre lumière, à cette tombée de jour!... Au-dessus des maisons, là-bas, la coupole du Reichstag allemand, lourde et magnifique, toute dorée, toute neuve, l'air dominateur. Plus loin, toute neuve aussi et toute dorée, une Victoire géante, sur une colonne, ouvrait ses ailes dans le ciel pâle. Mais de hideux tuyaux d'usine, soufflant des fumées sombres, montaient plus haut que ces choses somptueuses, et d'innombrables réseaux d'électricité couraient au-dessus de tout cela, enveloppant ces toits, ces monuments, cette ville, de leurs écheveaux sans fin, comme si des tisserands fantastiques ou des araignées avaient travaillé dans l'air pour emprisonner Berlin dans leurs milliers de fils. Et le soleil du Nord mourait avec lenteur sur les cheminées de l'usine colossale, sur le dôme du Reichstag allemand, sur la grande femme aux ailes d'oiseau déployées dans le ciel incolore. Il était si tristement rose, ce soleil oblique, et il semblait venir de si loin!...

Et, quand je m'étais longuement ennuyé dans ma chambre, je redescendais, à la nuit, m'ennuyer par les rues, où les myriades de lampes faisaient un semblant de jour blême sur les visages, sur les boutiques, les cabarets à bière et les restaurants à choucroute. Le grouillement de cette ville de près de deux millions d'âmes, poussée en hâte comme un champignon, emplissait les larges voies droites, sillonnées de rails de fer, et, grâce au jeu de ces lampes dans la brume, les maisons à cinq ou six étages—en fouie, il est vrai, et en carton-pâte, mais bariolées, dorées, surchargées de clochetons et de moulures—simulaient une vraie magnificence, écrasante pour nos maisons parisiennes, moins hautes, qui gardent des lignes plus sobres, avec le ton gris des pierres. Jusque dans les faubourgs extrêmes, habités par les ouvriers socialistes, toujours la même prétention des façades; pas de vieux quartiers, pas de maisonnettes, rien que des bâtisses énormes, ultra-modernes et saturées d'électricité.—J'avais dès le premier jour appris qu'ici, où tout est réglé d'une façon pratique et militaire, il y a le haut du trottoir pour les promeneurs qui vont dans un sens, le bas pour ceux qui vont dans l'autre, et machinalement je suivais, sans me tromper, les sillages humains.

La nuit, quand des souffles plus froids s'engouffraient aux carrefours, la lourde gaieté de la bière s'épandait sur la ville. Que de brasseries partout, que de brasseries à musiquettes et à tambourinages de foire! Et tant de sortes de bière: la pâle, la blonde, la brune ou la noirâtre, servies chacune dans des chopes de forme spéciale, même dans des pots en sapin pour donner un goût de résine! Tous les sous-sols du «métropolitain» berlinois, aménagés en interminables séries de lieux à boire, s'éclairaient pour la fête nocturne: sous le va-et-vient des locomotives, cabarets bas, à plafond de tôle et de fonte, à décoration simili-orientale ou pseudo-japonaise; chanteurs genre tyrolien, orchestres s'efforçant de paraître tziganes. Et, de minute en minute, ébranlant tout, couvrant d'un roulement de tonnerre les violons' et les cuivres, des trains en marche au-dessus de la tête des buveurs.... Pauvres gens, dont le seul plaisir des soirs est de s'entasser là, quand il vente ou qu'il neige! Petits bourgeois, ouvriers trop endimanchés, dépensant dans ces dessous irrespirables du chemin de fer toute leur paye, et *n'épargnant point*, entraînés par la nouveauté du faux confort qui leur est venu et du faux luxe.... De là bière et de la bière!... De grosses filles rougeaudes, naïvement costumées en bergères des Alpes, vendant des tranches de raifort qui excitent à boire. Et, dans les recoins discrets, de petits «*vomitorium*» adossés au mur, avec une inscription de peur des méprises sur l'usage à en faire.... Pauvres buveurs! Leur licence un peu étalée n'avait point notre désinvolture, et l'attitude des amants à côté des amantes se montrait plutôt sentimentale; sans doute ils entendaient autrement que chez nous l'amour—sous l'égide des lois allemandes, plus favorables que les nôtres à l'éclosion des petits soldats pour l'armée, des petits ouvriers pour l'usine....

Pauvres buveurs entassés! D'ici surtout, d'ici où l'on vit dans l'air et la lumière, leur cas paraît lamentable. Mais ils n'étaient point antipathiques; ils avaient plutôt la bonhomie au visage et témoignaient même d'une certaine politesse inconnue chez nous: les hommes restaient découverts, après avoir, en arrivant, distribué à la ronde des petits saluts qu'on leur rendait soigneusement.... Nos ennemis, ces gens-là! Mais pourquoi donc? Que de malentendus intéressés au fond des haines nationales, et quelle absurdité que les frontières, pour qui les regarde de loin et de haut!...

Et cependant... je me souviens de mon émotion soudaine et de ma révolte, en apercevant, un matin, sur une place de cette ville, un canon français exhibé comme un trophée. Je m'étais arrêté court, devant cette silhouette aussitôt reconnue. Un canon de marine, hélas! amené du Mont-Valérien pour parader là, entre des obusiers de chez nous, sur cette place prussienne!... Un canon pareil à ceux de certaine corvette, dont j'eus l'honneur autrefois de commander la batterie pendant un bombardement.... Ce mécanisme de combat, jadis si familier, vieilli aujourd'hui, semi-barbare à côté des perfectionnements nouveaux et devenu objet de curiosité chez des Allemands, attestait pour moi le recul de mes jeunes années,—ce qui était déjà nostalgique, par ce matin brumeux de novembre. Mais surtout un sentiment d'un ordre moins personnel m'avait pris au coeur—et mes yeux s'étaient voilés tout à coup....

Oui, je crois bien que tout à l'heure je me trompais; il y a des frontières encore, et, malgré mon détachement de voyageur qui s'en va vers les dédaigneuses sérénités bouddhiques, comme je reviendrais vite, à l'appel de guerre! Quel effondrement, en ce cas-là, n'est-ce pas, de toutes nos fraternelles théories! De longtemps encore, on aura beau faire, le vieux mot de patrie ne sera pas remplaçable, et un drapeau de certaines couleurs gardera le mystérieux pouvoir, rien qu'en apparaissant, d'entraîner nos âmes et de les grandir. C'est suranné, si l'on veut; c'est absurde tant qu'on voudra; mais c'est irrésistible et peut-être sublime.

Un quartier, dans ce Berlin, arrive toutefois à une certaine beauté inquiétante, dont j'ai gardé l'image: celui des palais, des arsenaux et des musées. Une rivière l'entoure, la Sprée froide et noire, que traversent en ce lieu des ponts à balustres de marbre ou de porphyre, bordés de statues ou de grandes urnes à trépieds de bronze. Les voies y sont moins peuplées, il y règne un certain silence et, parmi de massives constructions en pierres uniformément sombres, on se repose du clinquant, des boutiques et des bariolages. Toutefois, rien de local, pas plus ici qu'ailleurs; toujours la servile imitation de la Grèce, les colonnes doriques et les statues,—d'où ce titre d'«Athènes de la Sprée» donné par les Prussiens à leur ville. Tout cela, lourdement pompeux, accusant des prétentions, sans doute illusoires, à la souveraineté et à la durée. Trop de statues, vraiment, alignées à terre le long des rampes, ou bien perchées en haut sur les frises. C'est inimaginable, la quantité de bonshommes ou de bêtes qui se détachent sur le ciel incolore: grandes silhouettes figées, grands gestes tragiques sur les nuages, chevaux cabrés aux angles des toits, battant l'air de leurs pattes. Et aussi tant d'ailes, noires ou dorées, de Génies, de Victoires, d'aigles surtout; d'aigles prêts à fondre et à lacérer.

Il n'est pas jusqu'à la religion protestante qui, déviée de son vrai sens, ne paraisse ici devenir ambitieuse et antichrétienne, dans cet immense temple de luxe, trop surchargé de colonnes, de coupoles, et n'ayant pas, comme les admirables cathédrales gothiques, l'excuse du temps, puisqu'il date d'hier.... Oh! les humbles temples, blancs et simples, où j'ai adoré dans mon enfance *«en esprit et en vérité»*!...

Le palais impérial d'autrefois, inhabité depuis le nouveau règne, se dresse sinistre, sous le revêtement noir que lui ont fait les pluies et les fumées. Sa haute porte, au blason d'or terni, est masquée à présent par le monument tout neuf élevé à l'empereur Guillaume (le grand, l'ancêtre); ici encore, pour immortaliser cette gloire, une débauche de statues, un amas de porphyre et de bronze; d'énormes aigles, prêts à déchirer, du bec et de la serre; d'énormes lions, la griffe ouverte et les dents montrées....

Toujours l'oiseau de proie, toujours la bête de proie, en des attitudes de provocation, de rapt et de conquête. Est-ce bien le génie de cette race de poètes, de penseurs, de calculateurs, que symbolisent ces marbres et ces bronzes? Ou bien n'y a-t-il pas; malentendu encore là-dessous, et incompréhension du peuple par les chefs qui le mènent?...

Mon Dieu, que de soldats à Berlin, surtout dans ce quartier des palais! Des factionnaires partout, des postes partout, des fusils dehors étalés en faisceaux: petits soldats tout jeunes et roses, aux figures d'anodines poupées sous le casque, ayant un geste irréprochablement machinal pour porter ou présenter les armes, du matin au soir, aux officiers qui ne cessent de passer, en cette ville ultra-militaire, encombrée d'uniformes. Oh! ils n'ont rien de l'aigle ni du lion, ces bons petits soldats aux yeux naïfs. Et là encore, n'y aurait-il pas malentendu peut-être?... Tel paysan bavarois ou wurtembergeois, père d'une bande de ces enfants-là, n'aimerait-il pas mieux s'arranger avec quelque puissance voisine afin d'avoir plus de colonies où s'en iraient prospérer ses fils, que de les envoyer à la frontière, dans le troupeau innombrable et merveilleusement automatique, et de les faire tuer là, pour qu'on ajoute ensuite quelques nouvelles bêtes féroces en métal autour du palais des rois de Prusse?...

Je dis cela.... Après tout, je n'en sais rien. Et, pour l'heure, je me sens détaché de ce problème; je suis quelqu'un qui s'en va vers l'Inde, chercher la paix religieuse auprès des vieux sages, dans des régions hautes, où n'atteint point le vol des pauvres petits vautours de bronze qui déploient leurs ailes là-bas au bord de la Sprée dans le ciel septentrional....

Non, je n'en sais rien.... Mais, ce que je sais par exemple, c'est qu'en rentrant dans mon pays, ma joie fut immense de réentendre tout à coup des voix françaises. J'aurais embrassé les douaniers de chez nous, par qui je fus réveillé à la frontière,—et pourtant je ne suis pas suspect de partialité envers ce corps-là.—Jamais, au retour des plus longues campagnes dans les plus lointains pays, jamais je n'avais connu tel soulagement à me retrouver en France.

C'est que sans doute, malgré mon parti pris de fraternité, malgré la nature si visiblement débonnaire du peuple berlinois, malgré la courtoisie des grands et l'aimable accueil, un sûr instinct m'avait avisé: je revenais de chez *l'ennemi*.

VIEILLE BARQUE, VIEUX BATELIER

Au quai de Thérapia, pour passer sur l'autre rive du Bosphore, il s'agissait de choisir une barque, parmi celles qui attendaient là, toutes prêtes, jolies pour la plupart, bien peinturlurées, avec de beaux coussins en velours, chacune ayant son rameur jeune, aux bras solides.

Seule, la plus proche, celle à qui c'était le tour, avait l'air d'une pauvresse à côté des autres; point de velours sur les coussins, mais des housses d'indienne en petits morceaux de différentes couleurs; bien propre pourtant, cette barque, bien soignée, mais si vieille, avec des rapiéçages, et montée par un batelier caduc, en costume si miséreux!—Presque brutalement je la refusai, pour faire accoster la suivante, qui était fraîche et dorée.

Mais quand elle s'écarta pour me laisser place, je vis avec quels soins ingénieux ces morceaux d'indienne étaient assemblés et raccommodés: oeuvre sans doute de quelque vieille femme, épouse de ce bonhomme, pour essayer de donner encore un peu d'apparence à la barque défraîchie, et ne pas trop rebuter les clients. Surtout je croisai le regard du vieux batelier, un regard chargé de reproche contenu, de résignation et de détresse....

Alors une pitié désolée me serra le coeur, ma journée en fut assombrie. Je me promis de revenir le lendemain, de choisir celui-là entre tous, de le complimenter sur le bon goût de ses modestes embellissements, même de le reprendre chaque fois que je passerais.

Mais, ni le lendemain, ni les jours suivants, je ne pus le retrouver. Et,— c'est peut-être bien puéril,—de toutes les mauvaises actions de ma vie, aucune ne m'a laissé plus de remords que l'affront fait à ce pauvre vieux, à ses petites housses d'indienne serties d'humbles galons rouges et si laborieusement arrangées....

PROCESSION DE VENDREDI SAINT EN ESPAGNE

Depuis quinze ans bientôt, ce qui marque surtout dans ma mémoire les fêtes de Pâques—mais je ne saurais dire pourquoi,—c'est, au pays basque, à Irun, cet instant qui suit la rentrée de la procession du vendredi saint dans l'église sombre et amène le retour soudain du silence sur la vieille petite ville, après l'agitation de l'archaïque défilé.

Cela se passe chaque fois par quelque soir de printemps encore incertain, avec des tiédeurs qui déjà grisent un peu, et avec des feuilles dépliées à peine aux arbres de la place que l'église domine de ses hauts murs austères. Immuable, ce défilé de la procession depuis quinze ans que je le connais: la même musique; les mêmes saints et les mêmes saintes en bois peint, promenés sur des brancards; les mêmes douze pêcheurs basques, au visage dur, aux joues rasées comme celles des moines, figurant les douze apôtres en toge romaine;—seulement, d'une année à l'autre, je les vois vieillir.

Les mêmes humbles dévotes, figurant les trois saintes femmes, en longs vêtements noirs, éplorées derrière le cercueil du Christ;—seulement, d'une année à l'autre, je les vois vieillir....

Et toujours, ces centaines de vieux paysans, à l'expression si triste et fermée, qui suivent, le cierge à la main.

Quand tout cela, après la promenade lente par la ville, s'est engouffré sous le grand portail de l'église, déjà obscure, alors commence pour moi cet instant d'indicible mélancolie, sur cette place du moyen âge redevenue silencieuse, et où l'on sent tout à coup le froid du soir, tandis que l'air reste imprégné d'une odeur d'encens, et le sol criblé de mille taches de cire par le passage de tous ces modestes cierges de pauvres....

UN VIEUX COLLIER

Mon Dieu! les pauvres petites choses, bien rangées, bien classées, bien ensevelies, sur les étagères de ce placard profond, que dissimulent des soies d'Orient et des armes, en ce recoin le plus caché de ma demeure!... Pour ouvrir cet ossuaire, il faut, dans une continuelle et décourageante pénombre, tirer un divan, décrocher des poignards: aussi reste-t-il clos et oublié durant des saisons ou même des années, et les pauvres petites choses, qui sont des souvenirs entassés de mes premières campagnes de marin, continuent de durer au milieu d'obscurité et de silence.

Il n'y a rien là qui ait moins de vingt-cinq ans; c'est le dépôt des reliques les plus anciennes de ma vie errante, c'est le reliquaire de la période passée aux îles du Grand-Océan, au Chili, et ensuite sur les sables du Sénégal, depuis 1872 jusqu'à mon arrivée en Orient et mon initiation à l'Islam.

Dans des boîtes, les unes en feuille de fer, en carton, les autres en bois exotique fabriquées jadis à mon usage par des matelots,—dans de bien humbles boîtes qui me sont devenues précieuses pour avoir jadis couru les mers avec moi, au temps délicieux de ma pauvreté et de ma jeunesse,— dorment des fleurs de Polynésie, vieillissent et s'émiettent des couronnes qui Bornèrent des chevelures de Tahitiennes, là-bas, pour des fêtes nocturnes, à la lueur des étoiles australes.

On y trouve aussi des noeuds de satin; de gentils signets brodés, avec des devises; des mèches brunes ou blondes attachées par des faveurs roses: souvenirs de jeunes filles de Valparaiso ou de Lima,—que je revois souples et pâles, cachant derrière des cils très longs le jeu de leurs prunelles noires,— et qui pourraient bien être des jeunes grand'mères aujourd'hui..., belles encore, sans doute, malgré le sournois travail du temps, mais assurément très métamorphosées, ne fût-ce que par la fantaisie des modes et des coiffures.... Qui peut dire quelle serait l'impression de nous revoir?... Qui sait, après tant d'années, si je m'intéresserais encore à la jolie énigme de leurs yeux?

Et les pauvres petites choses, bien mortes pourtant, bien momifiées dans de la poussière, ont gardé le pouvoir toujours d'éveiller en moi des images de vie et de jeunesse,—de me rappeler surtout les grèves blanches, les nuées et les brises du Grand-Océan.

Oh! certain collier en fleurs d'hibiscus, liées par des fils de roseau! Tout ce qu'il évoque, celui-là, lorsqu'il me réapparaît! A des années d'intervalle seulement, j'ouvre son petit cercueil fané, car j'aurais crainte, si j'en usais trop, de laisser évaporer son charme et la vague senteur de là-bas qu'il conserve encore.

Dès que je le regarde, la lointaine Polynésie revient pénétrer mon âme de son mystère:—son grand mystère de solitude et d'ombre, que j'ai vainement cherché à traduire dans un de mes livres d'autrefois. Du vent et des nuages; un vent puissant, régulier, éternel comme s'il était l'haleine du monde; l'Alise austral, poussant les houles d'un océan immense vers des îles aux ceintures de corail blanc. Et la blancheur des grèves mugissantes, entourant un chaos de montagnes, de forêts sombrement silencieuses, où s'amassent et s'emprisonnent ces nuages que l'Alise promène au-dessus du désert des eaux.... Je retrouve tout cela et tant d'autres choses encore,... l'allure balancée des filles aux pieds nus, l'ambre de leur chair, la caresse sauvage et triste de leurs yeux, et puis leurs chants du soir, sous l'obscurité des hauts palmiers si frêles qui s'agitent aux moindres souffles de la mer.... Tant d'autres choses encore je retrouve, de très indicibles choses, quand je regarde le pauvre collier en fleurs d'hibiscus, tout desséché aujourd'hui et qui, avec les années, dépose au fond de sa boîte une mince couche de cendre.

Il me vient, ce collier, d'une jeune fille rencontrée une fois, au crépuscule, sur une plage solitaire, et aimée ardemment l'espace d'une heure, tandis que soufflait avec violence dans nos poitrines une brise humide et chaude qui était comme saturée de vie. Je me rappelle combien cette plage devenait blanche, au milieu de l'obscurité envahis santé; des coraux, émiettés là depuis des siècles, lui faisaient un tapis de neige qui bruissait légèrement sous nos pieds. Le lieu se déployait autour de nous en lignes infinies dans la pénombre du soir; il avait l'unité puissante d'un site des époques primitives, et le Grand-Océan l'encerclait de sa courbe souveraine. La surface des eaux luisait encore, par places, aux derniers reflets du soleil éteint, et, sur un rideau de nuées qui enténébrait toute la base du ciel, l'horizon marin se dessinait en clartés pâles. Derrière la blanche plage, aussitôt commençait, sur un sol gris, la colonnade grise des cocotiers—qui sont les arbres du bord de la nier dans ces archipels de Polynésie. Leur verdure, leurs bouquets de plumes vertes se tenaient si haut que nous ne voyions, en marchant, que leurs tiges couleur de cendre, trop longues et trop minces, à ce qu'il semblait, pour supporter en l'air toutes ces palmes; rien que les gerbes des tiges, la forêt des tiges géantes qui se courbaient au souffle du large comme d'effrayants roseaux, nous faisant tout petits et négligeables, nous deux, sous leur agitation de choses immenses.

La beauté de la jeune fille, survenue au milieu de cette solitude et rapprochée de moi par le hasard, rayonnait sauvagement sous ses sourcils froncés, dans ses yeux de hardiesse et de candeur. Ses cheveux droits tombaient sur ses flancs comme de lourdes coulées de lave noire. Elle avait inconsciemment la grâce exquise des attitudes, avec la perfection absolue de la forme, toute l'originelle splendeur humaine que les peuplades de ces îles ont conservée. Et je regardais le collier en fleurs d'hibiscus, d'un rouge ardent sur le bronze clair et presque rose de la gorge nue: cette respiration de jeune fille semblait le bercer là, au rythme d'une vie fraîche et superbe....

L'heure crépusculaire, la tristesse de l'heure, les aspects terribles ou désolés des choses furent complices pour plus étroitement nous unir,—enfants que nous étions, enfants seuls et perdus au milieu d'ambiances trop farouches. L'effroi du soir, l'horreur magnifique du lieu avivaient pour nous ce besoin qu'a toute âme d'une autre âme, et,—dans un ordre plus humble, mais, hélas! aussi humain,—ce désir que tout corps éprouve d'un autre corps, d'un corps doux à caresser et à étreindre, pour tromper l'angoisse de se sentir seul devant le mystère des impassibles choses. Tandis que la Nature s'attestait alentour indifférente et fatale, nous échangions, nous, à plein coeur, d'un même élan spontané, cette tendresse presque encore enfantine qui, chez les très jeunes, mêle à la brutalité de l'amour je ne sais quoi d'infiniment bon et de supérieurement fraternel. Dans cette tendresse-là, qui fit nos fronts s'appuyer l'un à l'autre, il y avait, si l'on peut dire ainsi, un peu de l'universelle pitié qui rapproche les hommes ou les bêtes aux heures d'imprécise angoisse,—et, sans doute, y avait-il aussi pour moi l'ivresse de fondre en cette créature, très voisine de l'humanité primitive, l'enfant trop raffiné héréditairement que j'avais déjà conscience d'être....

Quand ce fut l'instant de nous séparer, la nuit était à peu près venue,—la nuit qui, pour l'imagination des Polynésiens, amène sous ces grandes palmes l'effarante promenade des fantômes tatoués à visage bleu. Toujours il y avait là-bas, sur les rebords les plus lointains du cercle de la mer, ces lueurs pâles qui faisaient les eaux moins obscures que les voiles du ciel. Je revois encore, après tant d'années, l'éclairage sinistre qui persistait à l'horizon ce soir-là.

Elle, avant de s'enfuir, ôta son collier en fleurs d'hibiscus pour le passer à mon cou; puis, s'avança brusquement tout près, tout près pour me regarder, son front presque sur le mien; je vis alors, à toucher mes yeux briller ses yeux à elle, très dilatés et mouvants. Dans l'étrangeté de son sourire ensuite, je sentis entre nous, malgré la tendresse échangée, un abîme d'incompréhension, comme entre deux êtres d'espèce différente, incapables de se pénétrer jamais.

Le lendemain, nous devions nous retrouver à la même heure; mais une grande bourrasque s'était déchaînée, il tombait une pluie de déluge, elle ne fut pas au rendez-vous. Et, le matin suivant, notre frégate quitta cette île pour n'y plus revenir.

J'en gardai plusieurs jours une tristesse qui ne s'expliquait pas, avec un désir attendri de la revoir,—comme il arrive quelquefois pour des jeunes femmes entrevues et aimées en rêve, qu'on ne peut espérer retrouver puisqu'on sait leur inexistence. Pour moi, celle-là semblait bien aussi impossible à ressaisir et aussi perdue qu'une vision de rêve, car je n'avais alors aucun moyen, pauvre petit aspirant de marine que j'étais, de ramener un navire vers l'Océanie. Entre nous deux sans doute quelque chose avait jailli de plus que le désir de nos jeunes chairs, sans quoi je n'aurais pas eu ce long serrement de coeur et je ne me souviendrais plus.

Mais c'est surtout ce regard, l'interrogation de ce dernier regard trop près du mien, c'est cela qui a gravé dans ma mémoire l'heure et le lieu, tout le grand décor crépusculaire et le cercle pâle de l'horizon.

Et maintenant, l'évocation finie, je vais renfermer, pour des années peut-être, l'humble collier dans son humble boîte. C'est d'ailleurs une évocation déjà confuse, et il faut à présent l'effort de ma volonté pour l'obtenir, car il s'éloigne de plus en plus vite, l'instant, si furtif au milieu du glissement rapide et infini des durées, l'instant où ces quelques brins de paille décolorés étaient de larges fleurs vivantes, d'un rouge de pourpre, posant sur cette naïve poitrine nue.... La gorge qui fut jeune et admirable, comment est-elle aujourd'hui, et comment sont les grands yeux interrogateurs?

Et qui sait entre quelles mains il sera froissé, puis jeté aux immondices, et dans quelle poussière il finira, ce collier qui devrait être depuis longtemps retourné à l'humus des îles océaniennes, mais que ma fantaisie s'obstine à maintenir dans une quasi-existence, desséchée et fragile comme l'existence des momies.

PRÉFACE POUR UN LIVRE QUI NE FUT JAMAIS PUBLIÉ

Mon cher ami,

Combien m'ont impressionné ces mots que tu as mis en tête de ton livre: vieille marine!

C'est pourtant vrai, mon Dieu, que la marine de notre jeunesse remonte à un quart de siècle, et qu'elle est déjà vieille, démodée, finie....

Au temps de nos débuts, il y avait encore des pays *qui étaient loin*, des ports où l'on se sentait vraiment *ailleurs*; il y avait encore quelques dernières frégates, vierges d'escarbilles et de fumée de houille, qui s'en allaient légères, silencieuses et propres, manoeuvrées par des hommes vêtus de toile blanche, et traversaient l'océan sous la seule impulsion de leurs grandes voiles. En escadre, on pratiquait encore l'«exercice de manoeuvre», qui sans doute ne valait déjà plus celui que nos pères faisaient, mais qui demeurait cependant une incomparable école d'agilité et de force. Et nos navires de guerre n'étaient point tout à fait devenus ces machines pour tueries électriques, qui cheminent sournoises et à demi-noyées, en soufflant d'infectes nuages noirs. Oh! le Sénégal de notre époque, comme tu en as bien rendu la désolation languide et fiévreuse!... Oh! le Dakar d'autrefois, où nous possédions en commun une case, une case de bois bâtie, disais-tu, avec des débris de caisses à vermouth, et hantée par les fourmis blanches, les serpents, les lézards!... Trois maisons, en ce temps-là, dans ce pays, et un seul magasin: vaste bazar où l'on vendait de tout, des alcools sur le comptoir, des conserves pour navires et des verroteries pour nègres; là trônait une sévère grosse dame de Marseille, toujours en sueur, qui avait des moustaches, un passé mystérieux et des tatouages obscènes sur le bas du corps. C'était tout; des villages yoloffes venaient ensuite, où l'on entendait le soir des bamboulas furieuses, rythmées à grands coups de calebasses; puis commençaient les sables, les mornes déploiements du désert, jaunes sous le soleil torride.... On dit que c'est une ville à présent.... Non, mais te représentes-tu ça: notre Dakar jouissant d'établissements publics et doté d'un chemin de fer?...

Et l'îlot de Corée, son hôpital triste et brûlant, où tu faillis mourir! Nulle part ailleurs que dans ton livre, je n'en ai retrouvé l'oppression, l'étouffement et le silence: Gorée, vieille petite ville du siècle dernier, colonie de nos pères, aujourd'hui abandonnée et qui mélancoliquement s'émiette sur son rocher, au souffle du Sahara voisin. En lisant ce que tu en dis, je me suis senti chaud à la tête, avec un fourmillement dans les cheveux, comme là-bas quand vous prend la fièvre.

Déjà un quart de siècle, depuis notre exil au Sénégal! Le temps a dispersé nos camarades d'alors, et la fièvre jaune en a fauché plus d'un. Quant à notre navire, il n'existe plus.... J'y élevais, non loin de ta chambre, trois jeunes caïmans orphelins, t'en souviens-tu encore, qui s'évadaient parfois et jetaient dans ton existence une note inquiète.

Plus tard, mon cher ami, nous nous sommes retrouvés à l'école d'Escrime et Gymnastique, et je m'attendais à voir reparaître dans tes notes cette période joyeuse et drôle durant laquelle nous étions du matin au soir en équilibre ou en garde, ou bien encore, tantôt par les pieds, tantôt par les mains, suspendus à quelque chose. Et c'est dommage que tu n'en aies point parlé, car tu aurais employé là si bien cette ironie immense, mais compatissante et bon enfant, qui t'est particulière.

Dans tes courts récits, rapides comme ta parole, nerveux et un peu violents comme toi-même mais pleins de générosité et de coeur, je te retrouve tout entier. Je retrouve aussi la gaieté de notre chère marine et l'esprit de nos «carrés» de bord.

Et cependant, j'ai un reproche à te faire, un reproche assez grave. Tu as bafoué comme il convenait deux ou trois de nos égaux ou de nos chefs, et, quand tu cingles la piètre ligure de certain amiral, aujourd'hui remisé, tous les marins seront avec toi pour applaudir. Mais pourquoi n'as-tu parlé que des mauvais? Il s'en trouve aussi de bons et de charmants, de braves et d'héroïques; tu en es convaincu plus que personne, toi qui as laissé dans la marine des amis que tu aimes si sincèrement et qui te le rendent. Alors pourquoi ne dis-tu rien de ceux que tu regrettes? ni de ceux que tu vénères et que tu admires? Tu aurais su le faire si bien! Il manque des chapitres à des petites histoires, je t'assure, et je crains que cela ne te donne, pour ceux qui ne te connaissent pas, un air d'avoir écrit une oeuvre de dénigrement et de rancune—ce qui serait cependant tout à fait au-dessous de ta pensée et de ton coeur....

Maintenant, bonne chance à ton livre, et pardonne le franc parler de ton très ancien camarade d'Afrique et autres lieux.

QUELQUES PENSÉES VRAIMENT AIMABLES

I

C'est incroyable ce qu'il y a de gens chez qui l'âge ingrat dure toute la vie.

II

On rencontre souvent chez les choses une certaine bêtise, un certain mauvais vouloir entêté, qui sont bien plus révoltants encore que chez les personnes.

III

Je n'arrive plus à m'irriter sérieusement contre mon prochain. Non, les seuls êtres qui me causent encore des indignations exaspérées sont les boutons de mes cols ou de mes devants de chemise, lorsqu'on voyage je me trouve seul à leur merci.

IV

La bienfaisante science des laboratoires invente des remèdes merveilleux pour prolonger quelques pauvres chétifs, perforés de microbes, mais, dans sa sollicitude pour l'humanité, invente aussi des poudres détonantes, capables de détruire par milliers à la minute les jeunes sujets mâles de l'espèce.

V

*Aspect sous lequel réapparaît à moi-même
ce que de bonnes âmes appellent
ma notoriété.*

Une grosse cloche exaspérante, que des mauvais plaisants m'auraient accrochée derrière le dos et qui, dès que je remue, se mettrait à sonner, pour faire hurler les imbéciles et les chiens.

VI

Économie politique et sociale.

Tout est vrai. Mais le contraire l'est également.

VII

Religion.

Tout est faux. Mais le contraire l'est encore bien davantage, et notoirement plus absurde.

VIII

Progrès.

Propagation de l'alcool, de la désespérance et des explosifs.

IX

Bienfaits de la civilisation.

A deux heures du matin et seul, je me trouverais beaucoup plus à mon aise dans la jungle indienne que dans les rues de la ville la plus civilisée de la Terre.

X

Chasse.

L'homme est, je crois, la seule bête qui tue pour le plaisir de tuer. Les bons tigres, les braves lions ne chassent que quand ils ont faim; encore le font-ils d'une façon moins piteuse et moins lâche, avec leurs propres griffes pour déchirer, leurs propres jarrets pour courir, sans fusils perfectionnés ni rabatteurs.

XI

Automobilisme.

Les bons brigands jadis sur les routes tuaient moins de monde que les gavés qui y font aujourd'hui du 120 ou même du 60 à l'heure; ils étaient du reste bien plus excusables devant l'humanité et sentaient, je pense, moins mauvais. Il faut admirer les villageois, les travailleurs débonnaires des champs, qui sont sûrs d'être écrasés un jour, eux ou leurs petits, ou seulement leurs chiens ou leurs poulets, et qui ne courent pas sus à ces bouffis-la.

P.-S.—J'ai quelques amis qui chassent, et qui, hélas! font du 73 en auto. Mais je les aime quand même; c'est donc à eux que je dédie, avec permission, ce gracieux bouquet de pensées.

———————————————

EN PASSANT A MASCATE

...Nous avions quitté depuis trois jours le Beloutchistan sinistre, aux solitudes miroitantes de sable et de sel sous un soleil qui donne la mort; la ligne de ses affreux déserts nous avait longtemps poursuivis, monotone dentelure violette qui n'achevait pas de se dérouler aux confins de notre horizon. Et puis, nous n'avions plus vu que la mer,—mais une mer incolore, chaude et molle, sur laquelle perpétuellement traînait un vague brouillard d'une malsaine tiédeur.

Comme c'était en avril, le soleil tirait de cette mer d'Arabie les immenses brumes fécondantes, tout le trésor des nuées que les vents allaient emporter vers l'Inde, pour le grand arrosage des printemps. Elles s'en iraient au loin vers l'Est, les ondées qui naissaient ici, à la surface des eaux languides; pas une ne rafraîchirait les rivages desséchés d'alentour,—qui sont une région spéciale, rebelle à la vie des plantes, rappelant les désolations lunaires. Nous nous acheminions vers le golfe Persique, le golfe le plus étouffant de notre monde terrestre, nappe surchauffée depuis le commencement des temps, entre des rives qui sont mortes de chaleur et où tombe à peine quelque rare pluie d'orage, où ne verdissent point de prairies, où, dans l'éternelle sécheresse, resplendit presque seul le règne minéral. Et cependant on se sentait oppressé d'humidité lourde; tout ce qu'on touchait semblait humide et chaud; on respirait de la vapeur, comme au-dessus d'une vasque d'eau bouillante. Et le malfaisant soleil, qui nous maintenait nuit et jour à une température de chaudière, se levait où se couchait sans rayons, tout jaune et tout terni, tout embué d'eau comme dans les brumes du Nord.

Mais, le matin du quatrième jour, ce même soleil, à son lever, apparut dans une pure splendeur. L'Arabie était là près de nous, surgie comme en surprise durant la nuit, les cimes de ses montagnes se profilant déjà très haut, dans l'air tout à coup clarifié, infiniment limpide et profond; l'Arabie, terre de la sécheresse, soufflait sur nous son haleine brûlante, qui était dénuée de toute vapeur d'eau et qui balayait vers le large les brouillards marins. Alors, les choses étaient redevenues lumineuses et magnifiques, les choses étalaient leur resplendissement sans vie, dans des transparences absolues, ainsi qu'il doit arriver quand le soleil se lève sur les planètes qui n'ont pas d'atmosphère.

Ensuite, dès que fut passé l'enchantement rose de l'extrême matin, ces montagnes d'Arabie prirent pour la journée des teintes violentes et sombres d'ocré et de charbon; avec leurs milliers de trous et leurs brûlures noires, elles affectèrent des aspects de monstrueux madrépores calcinés, de monstrueuses éponges passées au feu; elles apparurent comme les vieilles scories inutilisables des cataclysmes primitifs.

Cependant nous arrivions à Mascate, et des forteresses sarrasines, des petites tours de veille fantastiquement perchées, commençaient de montrer çà et là leurs blancheurs de chaux, au faîte éblouissant des montagnes. Et, une baie s'étant ouverte dans ce chaos des pierres noircies, nous aperçûmes la ville des Imàns, toute blanche et silencieuse, baignée de soleil et comme baignée de mystère, au pied de ces amas de roches qui simulaient toujours de colossales éponges carbonisées.

Point de navires à vapeur, point de paquebots au mouillage devant la muette ville blanche qui se mirait dans l'eau; mais quelques grands voiliers, comme au temps passé, des voiliers qui arrivaient, charmants et tranquilles, toute leur toile tendue à la brise chaude; et quantité de ces hautes barques d'Arabie qu'on appelle des *boutres* et qui servent aux pêcheurs de perles. Avec ces navires d'autrefois entrant au port, et avec ces tours crénelées, partout là-haut sur les cimes, on eût dit une ville des vieux contes merveilleux, au bord de quelque rivage sarrasin du temps des croisades.

Ainsi qu'à Damas, à Maroc ou à Méquinez, ainsi que dans toutes les pures cités de Mahomet, dès l'entrée à Mascate, nous sentîmes s'abattre sur nos épaules le manteau de plomb de l'Islam.

La ville, de loin si blanche, était un labyrinthe de petites rues couvertes, où régnait une demi-nuit, sous des toitures basses. Là-dedans, un charme et une angoisse venaient ensemble vous étreindre; on subissait à l'excès ce trouble sans nom qui, dans tout l'Orient, émane du silence, des visages voilés et des maisons closes.

Il y avait pourtant des ruelles vivantes,—mais de cette vie uniquement et farouchement orientale qui est pour nous si lointaine. Il y avait, comme dans tous les autres ports du Levant, des séries de petites échoppes où mille objets de parure se vendaient dans l'ombre, toujours dans l'ombre: étoffes à grands ramages barbares, harnais brodés, pesants colliers de métal, et poignards courbes à gaine précieuse en filigrane d'argent. Mais ces échoppes étaient encore plus obscures qu'autre part, et cette ombre d'ici, plus épaisse, plus jalouse qu'ailleurs. Partout, une chaleur de forge, l'impression constante d'être trop près d'un brasier, et parfois, sur la tête, une sensation de brûlure soudaine; quand un rayon de soleil tombait à travers les planches des plafonds. On rencontrait des hommes maigres, nomades du Grand Désert, à l'attitude sauvage et magnifique, détournant leur fin profil cruel, se reculant par dédain pour ne pas vous frôler. Et les femmes, aux chevilles alourdies par des cercles d'argent, étaient, il va sans dire, d'indéchiffrables fantômes, qui se plaquaient craintivement aux murailles quand on passait, ou bien s'engouffraient dans les portes; elles portaient des petits masques noirs, des espèces de petits loups brodés d'or et de perles, avec des trous carrés pour les yeux,—chacune d'elles semblant personnifier un peu de ce mystère d'Islam qui pesait sur toutes choses.

Et cette ville sacrée de l'Iman,—au pied des abruptes montagnes qui avaient l'air de la murer dans su baie, de l'isoler au bord de sa mer bleue,—communiquait cependant par des défilés, par des couloirs de sable entre les roches brûlantes, avec la grande Arabie impénétrable, avec les oasis inconnues et les immensités désertes; elle commandait les régions obstinément fermées, elle était la clef des solitudes.

Au consulat de France, où je passai la matinée, les fenêtres étaient grandes ouvertes à la bonne brise des sables, qui entrait partout, ardente et desséchante. Il y vint des émissaires de l'Iman-Sultan,—personnages aux allures de noblesse et d'élégance, drapés de fine laine,—chargés de régler l'heure de ma visite à Sa Hautesse et la façon dont je serais reçu.

C'était une ancienne maison de vizir, ce consulat français; aux murs des salles, sous les couches neigeuses de la chaux, s'indiquaient légèrement, comme en bas-relief effacé, des arcades aux festons géométriques, d'une simplicité exquise,—éternels dessins des portes de mosquées ou de palais arabes, que les hommes en burnous ont transportés avec eux, en suivant la ligne des grands déserts, jusqu'en Algérie, jusqu'au Moghreb et en Espagne; et elles disaient à elles seules, ces arcades blanches, dans quel pays on était, elles suffisaient à désigner pour moi l'Arabie,—la vieille Arabie que j'adore, et où je suis chaque fois grisé de revenir, sans avoir jamais su comprendre au juste par quel charme elle me tient, ni exprimer sa fascination triste....

La plus haute des maisons closes qu'en arrivant nous avions vues, presque baignées dans la mer et y mirant leurs blancheurs, c'était le palais du Sultan.

Quelqu'un vêtu d'une robe blanche et drapé d'un burnous brun à glands d'or; de grands yeux très beaux, un visage de trente ans couleur de bronze clair, aux traits réguliers et délicats, illuminés par un franc sourire de bienvenue: tel m'apparut, au seuil de sa demeure où il avait bien voulu descendre, cet Iman-Sultan de Mascate, qui règne sur l'un des derniers états d'indépendance arabe, sur l'un des derniers pays où les cinq prières du jour ne sont jamais troublées par l'ironie des infidèles. Les ancêtres de cet homme étaient déjà des souverains nombre de siècles avant que fussent sorties de l'obscurité nos plus anciennes familles régnantes d'Europe; il a donc de qui tenir son affinement aristocratique et son aisance charmante.

La grande salle d'en haut, où il me fit asseoir, était déconcertante de simplicité dédaigneuse, avec ses murs uniment blanchis et ses sièges de paille; mais elle donnait par toutes ses fenêtres sur le bleu admirable de la mer d'Arabie, avec les beaux voiliers au mouillage et la flottille immobile des pêcheurs de perles.

—Autrefois, me disait le Sultan, on voyait souvent à Mascate des navires de France; pourquoi ne viennent-ils plus?

Hélas! Que répondre? Comment lui donner les raisons complexes pour lesquelles, depuis quelques années, notre pavillon a presque absolument disparu de la mer d'Arabie et du golfe Persique, nos navires peu à peu remplacés par ceux de l'Angleterre et de l'Allemagne?...

Le Sultan, ensuite, d'accord avec notre consul, voulut bien me proposer de m'arrêter ici quelques jours, et c'était une manière de témoigner sa sympathie pour notre pays, cet accueil au voyageur français qui passait. J'aurais eu des chevaux, des escortes. On m'offrait d'aller vers l'intérieur, voir des villes mornes sous l'étincelante lumière, des villes où les Européens ne vont jamais; de visiter les tribus des oasis, qui seraient sorties à ma rencontre en faisant des fantasias et en jouant du tambour. Et la tentation d'accepter me prit très fort, là, dans cette salle blanche où agissait sur moi la grâce aimable du souverain des déserts. Mais je me rendais en Perse, et je me souvins d'Ispahan, où, depuis des années, je rêvais de ne pas manquer la saison des roses. Je refusai l'honneur, n'ayant pas de temps à perdre, puisque l'avril était commencé.

Pour ce voyage de Perse, dont nous causions maintenant, le Sultan voulut me donner un beau cheval noir, à lui, qui gambadait par là sur la plage. Mais comment l'emmener par mer, et comment résisterait-il, ce coureur des plaines de sable, dans les terribles défilés qui montent à Chiraz? Après réflexion, je dus refuser encore.

Et, vers la fin du jour, je me retrouvai sur le bateau qui allait m'emporter au fond du golfe Persique. C'était l'instant où la ville couleur de neige commençait à bleuir au déclin du soleil, sous son linceul de chaux, tandis qu'alentour le chaos des pierres se teintait comme du cuivre. Aucun bruit n'arrivait à nous de ces maisons fermées, devenues paiement bleues, qui se recueillaient plus profondément dans leur mystère à l'approche du soir. Seuls, les oiseaux de mer s'agitaient, tourbillonnaient en nuée au-dessus de nos têtes, avec des cris, goélands et aigles pêcheurs; il n'y avait qu'eux de vivants, car les barques mêmes demeuraient engourdies de chaleur et de sommeil, posées sur l'eau tiède comme des choses mortes.

Avec un peu de mélancolie, je regardais Mascate, où j'avais refusé de rester.... Les villes ignorées des oasis, les fantasias des tribus nomades, je venais de repousser l'occasion unique de voir tout cela.... Peut-être accordais-je aussi un petit regret au beau cheval noir, que j'aurais eu plaisir à ramener dans mon pays, en souvenir du donateur.

On levait l'ancre. Alors une barque, qui se hâtait venant du rivage, à la dernière minute m'apporta de la part du Sultan deux précieux cadeaux: un poignard à fourreau d'argent, qui avait été le sien, et un sabre courbe, à poignée d'or.

Au crépuscule, disparut l'Arabie.

A mesure que nous nous avancions vers le large, l'air perdait sa légèreté impondérable et sa transparence; il s'épaississait de vapeur d'eau, et bientôt la lune se leva funèbre, énorme et confuse, parmi des cernes jaunes. Nous retrouvâmes la mauvaise et lourde humidité chaude. Et l'horizon trouble, les grisailles de la mer sans contours, firent plus étrangement éclatantes par contraste ces images de la journée qui restaient encore si vives dans notre mémoire.

L'Arabie et le désert saharien sont vraiment les régions de la grande splendeur terrestre; nulle part au monde, il ne se joue des fantasmagories de rayons comme là, sur le silence du sable et des pierres....

Cette ville, à peine entrevue aujourd'hui, laissait dans mes yeux comme une traînée de couleur et de lumière, tandis que je m'éloignais maintenant sous l'épaisseur du ciel sans étoiles.—Je repensais aussi à l'accueil du Sultan, qui était pour attester combien, par tradition, par souvenir, on aime encore la France, dans ce pays de Mascate où nos navires, hélas! ne vont plus.—Et cet accueil, j'ai voulu le faire connaître, voilà tout....

APRÈS L'EFFONDREMENT DE MESSINE, EN 1909.

Soit comme passager sur quelque paquebot, soit comme officier de quart sur quelque navire de guerre, je l'avais tant fréquenté, ce pauvre détroit de Messine! Le jour, tous ses «alignements» m'étaient familiers, et la nuit tous ses «feux». Il représentait pour moi la vraie porte de l'Orient; si on le traversait en s'en allant de France, tout de suite, quand de l'autre côté s'ouvrait l'Adriatique, on se sentait *loin*, et bien en route pour l'aventure; par contre, au retour il marquait le terme du voyage; dès qu'on l'avait franchi on se croyait chez soi et on épiait au ciel les premiers indices de notre mistral français.

Lorsque les hasards de la mer vous y faisaient passer de nuit, c'était un regret, parce qu'on aurait aimé le revoir; il est vrai, pour rappeler l'Italie quand même, il y restait l'odeur exquise des orangers; et puis quelque chanson, presque toujours, quelque gaie sérénade vous arrivait des barques ou de la rive.

Le jour, quel enchantement pour les yeux! Couloir un peu tragique, malgré tout, entre les cimes tourmentées de la Calabre et l'immense Etna soufflant sa fumée éternelle. Mais ces témoins des grandes convulsions mondiales se tenaient immobilisés, très haut en l'air, comme perdus dans le ciel, et, à leurs pieds, la vie s'étalait si confiante et heureuse, sous une lumière de fête! Au-dessous de la région des neiges, des torrents et des pierres farouches, les orangers commençaient, formant partout des jardins en terrasse. Plus bas encore, au bord de cette mer que l'on eût dit inoffensive à jamais, des villes aux jolis noms de mélodie italienne groupaient leurs maisons, leurs églises,— et Messine, la plus luxueuse de toutes, alignait à toucher l'eau bleue ses façades régulières que le soleil avait longuement dorées.

Plus qu'aux autres il nous appartenait, à nous marins de n'importe quelle nation, ce détroit enjôleur qui, même par les gros temps, au milieu des traversées mauvaises, ne manquait jamais de nous offrir son abri momentané, une heure de trêve si calme, avec les parfums de ses vergers, et des musiques, des refrains de tarentelle. La pensée que nous n'y trouverions plus en ce moment que l'horreur et la mort, nous met tous en profond deuil.

PHOTOGRAPHIES D'HIER ET D'AUJOURD'HUI

Au temps de mon enfance, certain beau mois de mai de je ne sais quelle année lointaine.... A cette époque, c'étaient les débuts de la photographie; les «amateurs» ne se risquaient point à en faire, et l'une de mes tantes,—la tante Corinne, si douce et jolie avec ses boucles grises,—qui s'y adonnait dans le seul but de m'amuser, passait pour une novatrice un peu excentrique. Elle ne connaissait encore que les «positifs» directs sur verre,—ce qui, d'ailleurs, convenait bien mieux à mon impatience enfantine, car ainsi je voyais tout de suite la vraie image apparaître. Les modèles (qui étaient en général ma mère, ma soeur, ma grand'mère, mes autres tantes) posaient au plein air de ce mois de mai-là, presque toujours en un recoin de notre cour ensoleillée, tout près de la porte du caveau qui servait de chambre noire; pour fond, il y avait un adorable vieux mur, tapissé de lierre, de chèvrefeuille et de glycine; pour accessoire, une banquette aux pierres moussues, où refleurissait à chaque renouveau le même dielytra rose. Et je me rappelle ma joie, mon émerveillement lorsque, enfermé avec ma tante-photographe dans l'obscurité du petit souterrain où elle combinait ses drogues magiques, j'épiais sur chaque plaque nouvelle l'apparition de ces marbrures d'abord indécises qui, peu à peu, s'accentuaient pour dessiner des visages aimés. L'épreuve une fois fixée, c'était moi qui, triomphalement, la rapportais à la lumière du soleil, toujours dans le recoin aux glycines et au dielytra rose, où la famille assemblée l'attendait.

Oui, mais tout cela n'était jamais que grisailles et, à la fin, je ne m'en contentais plus:—Dis donc, bonne tante, est-ce que tu ne connaîtrais pas un moyen de faire aussi sortir les couleurs?

—Oh! ça, par exemple, mon petit!... A moins qu'un diablotin ne s'en mêle.... Et, pour achever sa phrase, elle fit de la main un geste qui signifiait combien ce rêve était irréalisable. Cependant je ne perdis pas tout espoir: elle trouverait peut-être, un de ces jours. C'était déjà si merveilleux, ce qui se passait au fond de ses cuvettes de porcelaine; un peu plus ou un peu moins, pourquoi pas?

Une fois, comme on me ramenait de la promenade, ma grand'mère, assise à l'ombre des chèvrefeuilles au fond de la cour, m'appela joyeusement de loin:

—Viens, mon petit, viens!... Si tu savais ce que ta tante a fait! Jamais tu n'as vu rien de pareil en photographie.

—Quoi?... Qu'est-ce que c'est? Dis vite, grand'mère!...*Les couleurs?*...

Pas encore les couleurs, non. Mais un portrait «posé» et admirablement venu de M. Souris, surnommé La Suprématie (un vieux chat très laid, qui m'appartenait en propre). J'adorais M. Souris, auquel ma grande camarade Lucette avait, par jalousie, donné ce surnom-là, parce qu'il représentait, disait-elle, mes suprêmes affections. Sous des dehors sans grâce, c'était une âme supérieure de chat, qui m'aimait d'une tendresse exclusive; au piano, dès que je commençais d'étudier mes sonates de Mozart, il reconnaissait mon jeu, et, du fond du jardin ou du haut des toits, accourait pour se promener harmonieusement sur le clavier. Certes, j'étais content de son portrait, d'autant plus qu'il avait su prendre une expression souriante et naturelle, et l'épreuve d'ailleurs était si nette que l'on eût compté les brins de sa moustache. Mais c'est égal, la phrase de ma grand'mère m'avait fait espérer les *couleurs*, ces couleurs que je souhaitais toujours davantage, à mesure que je les sentais vraiment impossibles. Je restais donc plutôt déçu; ces images grisâtres, à la fin, me lassaient....

Et le mois suivant, tante Corinne s'étant aperçue, non sans mélancolie, que le jeu était usé, remisa pour toujours son appareil au fond d'un placard,— où il est encore, pauvre chose démodée que je garde à présent par respect, tandis qu'elle-même, la chère tante-photographe, s'en est allée dormir au cimetière.

Des années ont passé, beaucoup d'années, hélas! Nous sommes en 1909, au début d'un mois de mai qui est sensiblement pareil à ceux de mon enfance, avec autant de lumière, autant de fleurs. Et la scène se passe dans le même petit décor resté immuable, près des mêmes vieux murs tapissés de lierre, où les glycines, qui ont seulement beaucoup grossi, accrochent leurs mêmes branches, devenues semblables à d'énormes serpents.

Mais ce n'est plus tante Corinne qui photographie, c'est Gervais-Courtellemont, et il réalise sur ses plaques le miracle auquel j'avais tant rêvé jadis, le miracle des couleurs!

L'hiver dernier, à Paris, j'étais allé, non sans défiance, regarder ces vues colorées qu'il a prises en pays d'Islam et qu'il projette agrandies sur des écrans. Je ne prévoyais pas quelles seraient ma surprise et mon émotion, devant tout ce qui m'attendait là: des horizons du désert arabique, me réapparaissant avec leurs sables brûlés et leurs ciels fauves; d'impénétrables mosquées dont je reconnaissais tout de suite les colonnades de porphyre, les panneaux de faïence bleue, et les tapis où des verts de turquoise morte s'entrecroisent parmi des rouges de pourpre; des incendies de soleil couchant sur les minarets et les toits roses de Damas; Stamboul, les cimetières d'Eyoub avec la peuplade de leurs stèles dorées et de leurs cyprès noirs, me donnant le frisson de ces nostalgies soudaines qu'aucun mot n'exprime.... Pour finir, ce fut un crépuscule au Bosphore, presque la nuit et, au milieu des gris d'un ciel couvert, un nuage gardant seul des tons encore rosés.—Oh! ce nuage d'on ne sait quel soir de Turquie, cette chose essentiellement changeante et sans durée, que l'on avait pu capter ainsi pour toujours, avec son dernier coloris d'un instant, envoyé par le soleil en fuite!...

Aujourd'hui donc, ce Gervais-Courtellemont qui sait fixer l'éphémère, l'insaisissable de toutes les fantasmagories, est chez moi: et qui surtout l'a décidé à y venir, c'est l'Orient que j'y ai transplanté, car il est un fervent de l'Islam. Et, depuis deux jours, il a pris quantité de vues dans ma mosquée, dans mon logis oriental.—Il a même portraituré par jeu, non pas ce pauvre M. Souris depuis longtemps défunt, mais la dame Gribiche, baronne des Gouttières, une vieille chatte que mon fils adore, à peu près autant que j'adorais La Suprématie.

Lui non plus ne fait autre chose que des «positifs» directs sur verre, et il s'en va les développer justement dans ce même caveau obscur où je m'enfermais jadis avec tante Corinne. Parfois j'y descends avec lui, curieux de regarder par-dessus son épaule le mystère qui s'accomplit dans ses petites cuvettes de porcelaine; mais, au lieu des monotones grisailles que j'avais connues du temps de mon enfance, je vois naître, s'aviver peu à peu, sur la glace d'abord blanchâtre et baignée d'un liquide aux transparences incolores, des mosaïques d'éclatantes couleurs. Les murs de ma mosquée sont venus se fixer là, comme en des miniatures trop patiemment finies, avec leurs panneaux en vieilles faïences où les bleus adorables d'autrefois se mêlent à des rouges de corail que l'on n'imite plus; et aussi les vieux tapis d'Ispahan sur lesquels on jette des roses qui s'effeuillent, et les couvre-tombeaux en velours d'un vert éteint brodé d'argent pâle, et les coussins en brocart zébré d'or. Tous ces jeux de nuances auxquels j'ai amusé un instant mes yeux et que je ferai peut-être changer demain, les voici fixés sur ces plaques, et fixés sans doute de manière à durer plus que moi-même: il y a pour sûr un peu de sorcellerie là-dedans.

Au sortir du souterrain des manipulations magiques, lorsque nous rapportons les épreuves à la lumière du soleil pour les juger mieux, c'est toujours dans ce recoin de verdure et de fleurs, où je me souviens d'être venu tant de fois montrer en triomphe les modestes oeuvres si imparfaites de tante Corinne. Non, rien n'a changé là, dans l'arrangement des lierres, des chèvrefeuilles et des glycines; les mêmes variétés de mousses étendent leurs velours sur les pierres des banquettes.... Mais tous les chers visages, qui autrefois guettaient ici même mon pas remontant de la chambre noire, sont cachés et décomposés à présent sous la terre,—et c'est cela, le seul et le grand changement appréciable dans les ambiances.... En outre, moi qui jadis aurais sauté d'une joie folle, et peut-être aussi tremblé d'un peu d'épouvanté, si j'avais vu tant de belles couleurs éclater sur les glaces à images, je reste plutôt impassible aujourd'hui devant cette merveille....

C'est que, voilà, dans l'intervalle, il s'est passé une chose effarante, plus implacablement définitive que le soudage d'un couvercle de cercueil: la vie qui, à l'époque des premières photographies en grisailles, était en avant de ma route, a glissé vite, vite, sournoisement, sans faire de bruit, sans me laisser de fatigue, comme sur une pente où tout s'accélère en vertige,—et à présent elle est presque toute derrière moi, demain elle sera partie; demain je ne percevrai plus ni les couleurs ni le soleil, et déjà sans doute je commence par m'en désintéresser.

Donc, en présence de la réalisation si complète de ce que j'avais rêvé autrefois comme l'impossible, je me contente de dire à Courtellemont: «Merci, mon cher ami; c'est vraiment très bien!»

CEUX DEVANT QUI IL FAUDRAIT PLIER LE GENOU

Messieurs,[5]

Avec humilité profonde, dans un sentiment de vénération presque religieuse pour ceux et pour celles que je vais nommer ici, j'essaie d'accomplir la tâche que vous m'avez confiée.

C'est encore en parlant de moi-même que je commencerai mon discours, et cette façon de faire, sans doute, rie sera point pour vous surprendre, puisqu'elle constitue, paraît-il, un de mes défauts coutumiers.

Mais beaucoup d'âmes, en ces temps de vertige, ressemblent à la mienne, et, pour l'adresser à plusieurs qui m'écoutent ici, je pourrais emprunter à Victor Hugo son étrange phrase: «Ah! insensé, qui crois que tu n'es pas moi!» Donc, un enseignement peut-être jaillira pour quelques-uns, lorsque j'aurai dit en toute sincérité comment mon âme, d'abord ennuyée et hautaine devant cette tâche que l'on m'imposait, est peu à peu devenue respectueuse et attendrie. A ceux qui sont mes frères par la souffrance, mes frères par l'orgueil, mes frères par le doute et par le trouble, combien je voudrais pouvoir communiquer le bien que je me suis fait à moi-même et l'apaisement que j'ai trouvé, en vivant par la pensée, durant quelques semaines, au milieu de ces simples et de ces admirables que l'Académie française glorifie en ce jour!

Tous, n'est-ce pas? nous avons fait, au cours de notre vie, quelque bien, çà et là; du bien qui, en général, nous a donné peu de peine, nous a privés de peu de chose. Et nous nous sommes magnifiés alors, disant en nous-mêmes: La bonté habite notre coeur. Comme nous étions loin cependant, loin et au-dessous du moindre, du dernier de ces apôtres obscurs, dont j'ai mission de vous entretenir! Nous, gens du monde, quelles que soient nos détresses intimes et cachées, nous restons les favorisés sur cette terre. Tous, brûlés plus ou moins de désirs inassouvis, d'ambitions, de convoitises, tourmentés d'irréalisables rêves, nous puisons en notre propre coeur nos souffrances,—parfois infinies, je le sais bien, mais qui s'atténueraient par la patience et l'oubli de soi-même. En somme, nous avons la fortune, le luxe, ou bien la fumée d'un peu de gloire, ou tout au moins les commodités de la vie, nos lendemains assurés, du bien-être en perspective jusqu'à l'heure de la mort. Ceux dont je vais vous parler n'ont rien, n'ont jamais eu rien; pour la plupart, ils n'ont plus la santé ni la jeunesse, pas seulement le pain de chaque jour, et ils trouvent le moyen d'être bons, de l'être inépuisablement, à toute heure, durant des mois et durant des années; ils trouvent le moyen d'être secourables et doux, de donner comme par miracle ce qu'ils n'ont pas,—et, dans leur dénuement sublime, ils sont heureux par la charité....

La charité, que vous m'avez confié la mission, pour moi un peu écrasante, de célébrer aujourd'hui, je la trouve glorifiée d'une façon définitive et magnifique dans un livre qui résistera à l'écroulement des religions et de la foi, dans le livre éternel qui survivra à toutes choses et qui se nomme l'Évangile:

«Quand même, dit saint Paul, je parlerais toutes les langues des hommes et des anges, si je n'ai point la charité, je ne suis que comme l'airain qui résonne et comme la cymbale qui retentit.

»Et quand même je connaîtrais tous les mystères et la science de toutes choses, et quand même j'aurais la foi jusqu'à transporter les montagnes, si je n'ai point la charité, je ne suis rien.

»Et quand même je distribuerais tout mon bien pour la nourriture des pauvres, et que je livrerais mon corps pour être brûlé, si je n'ai point la charité, cela ne me sert à rien.»

Oh! ils ont la charité, ceux-ci, tous ces ignorés d'hier, auxquels nous allons offrir aujourd'hui, avec un semblant d'éclat, de bien insuffisantes récompenses: travailleurs à la journée accablés par les ans, vieilles servantes que la fatigue épuise, pauvres et pauvresses, infirmes, paralytiques, auxquels nous faisons en ce moment une trop mesquine apothéose, avec nos admirations distraites et mondaines, avec un peu d'argent que nous leur donnons et que, soyez-en sûrs, ils ne garderont point pour eux-mêmes.

Ils ont la charité, et la vraie, ainsi qu'elle est définie par saint Paul, que je veux citer encore; car il ne suffit pas de faire le bien, il faut surtout le faire comme ils l'ont fait, d'une façon patiente et tendre, d'une façon aimable et avec un bon sourire....

«La charité, écrit l'apôtre à ses amis de l'église de Corinthe, la charité est patiente; elle est pleine de bonté; la charité n'est point envieuse; la charité n'est point insolente; elle ne s'enfle point d'orgueil.

»Elle n'est point malhonnête; elle ne cherche point ses intérêts; elle ne s'aigrit point; elle ne soupçonne point le mal.»Elle excuse tout, elle croit tout, elle espère tout, elle supporte tout.»

C'est bien cela. Depuis deux mille ans, la charité n'a point varié, et, telle la comprenait l'apôtre, telle la pratiquent à notre époque ces êtres d'exception et d'élite que l'Académie, tous les ans, va rechercher et découvrir, étonnés et confus, dans les faubourgs populaires, au fond des provinces, dans les campagnes ignorées.

J'ai dit: étonnés et confus,—car ils ont aussi la modestie, et ils sont tous inconscients de ce que vaut leur coeur. Ils n'ont point sollicité nos suffrages; oh! non, et la plupart d'entre eux apprendront aujourd'hui seulement, avec stupeur, que nous les avons distingués. Ils nous ont été désignés d'abord par la rumeur publique,—qui s'égare si souvent dans ses haines, mais qui si rarement se trompe lorsqu'il s'agit au contraire de remercier et de bénir. Toute la population d'un village, ou d'un canton, ou d'une banlieue, s'est unie pour nous dire ceci, par quelque lettre couverte de naïves signatures: «Il y en a un parmi nous qui n'est pas comme les autres, qui ne sait faire que du bien à tout le monde, qui est un modèle de douceur et de dévouement; vous qui donnez des prix de vertu, venez donc y voir.» Alors, l'enquête a été commencée, avec discrétion, avec mystère, pour ne pas effaroucher le candidat,—et l'enquête presque toujours nous a révélé une existence admirable.

Cette année, comme tous les ans, il y a eu abondance de sujets, et il a fallu choisir, opérer, parmi ces héros du sacrifice quotidien, un très difficile triage.... Oh! je voudrais pouvoir les nommer tous, les élus et même ceux qui auraient mérité de l'être! Mais ce serait interminable et bien fastidieux. Et puis leurs humbles noms, en général, sont si plébéiens, si vulgaires et inélégants, que le sourire peut-être vous viendrait à cette nomenclature.

Non seulement il a été impossible de les récompenser tous, mais de plus, comme le choix s'est porté sur ceux qui avaient donné au prochain le plus de leur force et de leur vie, sur les plus éprouvés par les longues patiences et les longs sacrifices, sur les très usés et les très vieux, plusieurs que l'on venait d'élire sont morts depuis nos séances du printemps; dans la liste que j'ai là, je vois beaucoup de noms barrés à l'encre, avec, en regard, l'annotation: décédé.... Mon Dieu, je n'en suis pas en peine, de ces derniers. Ils s'en sont allés, peut-être, dans quelque région mystérieuse et rayonnante, chercher des couronnes plus belles que nous n'en saurions donner ici; ou, tout au moins, jouissent-ils de dormir sans trouble et sans rêve, et de n'être plus nulle part....

Au premier rang de vos élus, Messieurs, je trouve un prêtre,—un prêtre des environs de Belfort, la ville héroïque,—le Père Joseph, de l'ordre des Barnabites, auquel vous avez accordé la plus haute des récompenses prises sur le legs de M. de Montyon.

C'est pour celui-là surtout que vous avez cru devoir agir avec mystère, connaissant sa modestie, et voici ce que nous apprennent à son sujet vos renseignements, recueillis dans le plus grand secret, comme s'il se fût agi de dépister un malfaiteur.

En 1870, quand éclata la guerre, le Père Joseph, qui s'était déjà signalé par sa charité dans une petite paroisse de Genève, demanda du service comme aumônier dans nos armées et se fit envoyer aux avant-postes d'Alsace. Enfermé bientôt dans Strasbourg, il passa ses jours et ses nuits aux remparts, parmi nos soldats, et gagna, sous le feu de l'ennemi, la croix de la Légion d'honneur. Quand Strasbourg eut capitulé, les Prussiens le trouvèrent aux ambulances et l'arrêtèrent; leur général cependant lui offrit la liberté, qu'il refusa pour s'en aller en captivité au milieu des prisonniers les plus humbles. Soupçonné d'espionnage par nos ennemis, que surprenait un dévouement pareil, il fut d'abord cantonné à Rastadt, surveillé de près et malmené, jusqu'au moment où l'archevêque de Fribourg, le reconnaissant pour un pur apôtre, le couvrit de sa protection.

«Voulez-vous aller à la mort?—lui écrivit un jour ce même archevêque.— La fièvre typhoïde sévit à Ulm; déjà deux mille de vos compatriotes en sont atteints, et pas un prêtre français n'est avec eux.» Quelques heures après, il était à Ulm. Il y resta neuf mois, nuit et jour au chevet des mourants, sans vouloir ni repos ni sommeil. Entre-temps, il écrivait à ses amis de France, leur demandant de l'argent, des vêtements chauds, des secours de toute sorte, pour ceux qu'épargnait la contagion, mais que tourmentaient le froid et la misère. A son appel, les dons arrivaient comme par miracle, et il distribua, durant cet hiver sinistre, plus de 300.000 francs! L'admiration alors s'imposa à nos ennemis, qui le voyaient de près à l'oeuvre, et ils lui offrirent la croix de l'Aigle noir. Mais, de même qu'il avait naguère refusé la liberté, il déclina l'honneur, demandant, comme seule grâce, que l'Impératrice Augusta voulût bien lui accorder une audience, et, une fois admis devant la souveraine, il sut obtenir d'elle ce qui avait été refusé jusqu'à ce jour aux autres sollicitations françaises: le rapatriement immédiat de tous les prisonniers épargnés par le typhus. Plus de vingt trains chargés de jeunes soldats prirent la route de nos frontières dévastées, et des centaines d'enfants de France furent ainsi sauvés par ce prêtre.

La guerre finie, le Père Joseph revint s'enfermer obscurément dans sa petite église de Genève et consacra son activité aux enfants orphelins ou errants, qu'il groupa autour de lui, qu'il recueillit dans son presbytère. Cela dura jusqu'au jour où l'intolérance religieuse le fit expulser du territoire suisse, en même temps que son évêque. Se séparer ainsi de tous ses fils d'adoption lui causa alors un tel désespoir qu'il suivit, sans plus réfléchir, une idée héroïque et folle: avec son modeste patrimoine, d'une trentaine de mille francs, il acheta sur le sol français, tout près de la frontière, une ferme où il réunit ses chers protégés. Mais, pour nourrir tout ce petit monde, qui s'était rendu, si confiant, à son appel, il n'avait plus rien; alors, sans perdre son aisance sereine, il se multiplia, il fit des prières, des prédications, des quêtes.... Il y a vingt-deux ans aujourd'hui qu'il a fondé, avec cette irréflexion admirable, un orphelinat de 150 enfants, et jamais ses élèves, sans cesse renouvelés, n'ont manqué du nécessaire. C'est par centaines qu'il a ramassé, dans la boue des grandes villes, des petits abandonnés, des petits vagabonds, pour en faire de paisibles laboureurs, ou bien des missionnaires, beaucoup de braves soldats aussi, ou même de braves officiers de notre armée.

Tout cela, n'est-ce pas? est bien admirable, et même un peu merveilleux, et il est certain que, parmi tous ceux dont j'ai mission de vous parler ici, le Père Joseph est celui qui a rempli la tâche la plus féconde; l'Académie a donc bien jugé en lui décernant sa plus haute récompense—dont il va faire, d'ailleurs, l'usage désintéressé que l'on peut prévoir. Mais il a eu pour le soutenir, lui, la grandeur même de son idée et de son oeuvre, le succès toujours croissant de sa parole d'apôtre; c'est au grand jour qu'il a vécu et qu'il a lutté. Donc, comme il est un prêtre et presque un saint, son humilité chrétienne me pardonnera de dire que je m'incline encore davantage devant les pauvres êtres moins bien doués, plus obscurs, dont je parlerai tout à l'heure, et qui ont peiné dans l'ombre, à de plus rebutantes besognes.

Cette héroïque folie de fonder des asiles d'enfants, alors que Ton ne possède rien ou presque rien, est moins rare que l'on ne pense, et, le plus surprenant, c'est qu'elle réussit toujours! L'Académie, qui en trouve constamment des exemples, a découvert cette année, à Mary, tout près de nous, dans la Seine-et-Marne, une adorable vieille demoiselle, appelée du gentil nom de Colombet, qui depuis vingt-cinq ans, sur ses modestes revenus, entretient un asile d'orphelines, une école gratuite, un autre asile encore pour les bébés du pays, et qui conduit elle-même tout ce petit monde avec une bonté et une douceur maternelles.

Une autre sainte fille, plus que septuagénaire, Marie Lamon, accomplit, depuis vingt-cinq années aussi, un miracle de chaque jour dans son orphelinat de Tarbes, fondé, semble-t-il, envers et contre tous les avertissements du sens commun. Cela a commencé par un petit abandonné qu'elle a recueilli une fois; ensuite il lui en est venu deux, puis trois, puis dix, puis quarante. Et voici déjà plus de mille orphelins qui ont été élevés et placés par ses soins.

Mais, celles qui recueillent ainsi des enfants ont au moins la joie de voir leur visage et leur sourire, d'épier les promesses de l'avenir chez ces petits êtres qu'elles façonnent à leur guise, de les suivre plus tard dans le développement heureux de leur vie....

Et je trouve plus étonnantes encore et plus surhumaines celles qui recueillent les vieillards, car, de ceux-là, il n'y a jamais rien à attendre, que la lente décomposition et la mort.

Au nombre de ces dernières est la demoiselle Joséphine Guillon, qui d'abord rêvait de fonder un orphelinat déjeunes filles, mais qui, à la suite de je ne sais quelle vision mystique, pendant l'extase d'un pèlerinage, crut comprendre que le Christ lui demandait un sacrifice plus lourd, et se consacra aux vieux pauvres, aux vieilles pauvresses.

De la même école, mais d'une plus humble origine, est cette Mariette Favre, qui, après avoir servi comme domestique pendant vingt ans, reprit sa liberté vers la quarantaine, dans, le but bien arrêté de consacrer à des vieillards sans foyer ses petites économies et le reste de ses forces épuisées. Sa première recrue fut une vieille mendiante aveugle, avec qui elle partagea son unique chambre: une vieille paralytique ne tarda point à venir s'installer en troisième dans le singulier ménage; puis, naturellement, la porte étant ouverte, il en arriva d'autres, toujours d'autres.... Et aujourd'hui plus de cinquante débris humains sont groupés autour de Mariette Favre, logée dans des bâtiments qu'elle a fait construire avec le fruit de ses quêtes, nourris, chauffés comme par miracle, on ne sait plus avec quel argent. En admirant tout cela, on doit renoncer à comprendre. Et il faut être Fange de patience, d'ingéniosité et de douceur qu'est cette fille, pour gouverner si discordante république; car ces pensionnaires ont été ramassés Dieu sait où; en arrivant là, les «bons petits vieux»—c'est ainsi qu'elle les nomme—sont pour la plupart insupportables, et, quant aux «bonnes petites vieilles», inutile de dire que ce sont des pestes. Eh bien! la communauté marche à souhait quand même; au milieu de tout ce monde, la chère vieille fille, coiffée toujours de son vénérable bonnet blanc d'ancienne servante, évolue en souriant, aimable, enjouée; elle calme les uns, elle amuse les autres; tout en pansant des plaies, en lavant des mains sales, en chassant la vermine des lamentables chevelures, elle ramène la bonne humeur chez les hargneux et les sombres. Et puis, sous ses ordres, tout le monde, suivant ses moyens, concourt au bien-être d'autrui. Tel «bon petit vieux» qui a les pieds encore solides, mais qui est aveugle, va promener au soleil sur son dos, telle «bonne petite vieille» dont l'oeil est resté vif, mais qui n'a plus de jambes. Quant au travail, il est réparti, d'une façon merveilleusement entendue, entre chacun suivant les facultés qu'il conserve; ceux-ci labourent le jardin aux légumes, ceux-là coupent le bois ou bien mettent des pièces aux souliers qui s'usent; et des grand'mères paralytiques, dont les doigts sont agiles encore, tricotent jusqu'au soir, sur leur lit, des chaussettes ou des jupons. Il y a certainement des jours d'inquiétude dans le phalanstère, c'est quand le pain va manquer, ou bien c'est, par les temps de gelée, quand s'épuise la réserve de charbon. Mais la sainte, alors, prend sa robe des dimanches avec son bonnet le plus blanc, pour s'en aller tendre la main chez les riches—et chaque fois l'on s'en tire!... Oh! il y a aussi des jours de liesse; il arrive que de bonnes âmes, à l'occasion de certaines fêtes, envoient quelques friandises, des poulets ou du bon vin; ces jours-là, on s'assemble pour des repas qui ont la naïve gaieté des dînettes d'enfants, et, au dessert, les «bons petits vieux» se mettent en frais d'innocentes galanteries, pour les «bonnes petites vieilles», qui leur chantent des chansons.

Il y a une délicatesse exquise à apporter ainsi, non seulement un peu de bien-être ou de moindre souffrance, mais encore un peu de joie et de sourire à ces décrépitudes, à ces lentes agonies, qui semblaient vouées à l'horreur du délaissement et du froid, sur des grabats solitaires. D'ailleurs, les bonnes magiciennes en cheveux gris ou en bonnet de linge, qui président à ces choses, paraissent elles-mêmes toujours gaies et doivent posséder certainement une paix et un bonheur déjà ultra-terrestres, que nous ne saurions comprendre.

Parmi les prix Montyon, tous les ans nous avons aussi des sauveteurs.

Et il en est un, cette année, qui présente une physionomie bien particulière, un rude Breton de Port-Navalo, nommé Georges Pouplier; ancien marin, il va sans dire, ancien second maître de manoeuvre, dont la large poitrine est couverte des décorations les plus glorieuses: avec la Légion d'honneur et la Médaille militaire, tout un jeu de médailles de sauvetage en argent et en or,—auprès desquelles paraissent négligeables tout de croix dont se chamarrent des politiciens ou des gens de cour.

La vie de Georges Pouplier est un long roman d'aventures, qui semble composé par quelqu'un de nos anciens conteurs français. Il a, pendant des années, promené par le monde sa vigueur de Celte, nageant, plongeant, comme un dieu marin, dans les grandes houles glacées des mers du Nord, ou bien dans les eaux équatoriales où les requins habitent, et toujours ramenant au rivage, ou au navire, des gens qui allaient périr, marins, femmes ou petits enfants. Ces dernières années, il était aux postes les plus périlleux de l'Afrique centrale, sous les ordres de mon camarade et ami de Brazza—un autre héros, ce dernier, que la France ingrate a «jeté par-dessus bord», comme nous disons en marine.

En 4873, tout jeune gabier de l'équipage du *Beaumanoir*, dans les mers d'Islande, il avait fait ses débuts en sauvant ensemble un officier et un novice. Et en 1894, enfin, il termina la longue série de ses sauvetages—il nous pardonnera bien lui-même d'en soutire un peu, tant c'est imprévu—en repêchant d'un seul coup douze nègres du Congo.

A côté de ce roi des sauveteurs, l'Académie en a primé nombre d'autres qui se sont jetés à l'eau, dans le feu, qui ont arrêté des chevaux emportés ou des taureaux furieux....

A Dieu ne plaise que j'aie l'air de dédaigner ces braves. Mais je fais à leur sujet mes restrictions, comme j'en ai fait tout à l'heure au sujet du Père Joseph. Dans les choses admirables, il y a des degrés comme en tout. A la faveur d'un élan superbe, secondé presque toujours par u/ne impulsion de vigueur physique, on joue sa vie pour sauver celle d'un autre; cela est beau, je le veux bien, et nous n'en serions pas tous capables; mais cela n'est pas soutenu, cela n'a pas de durée. Oh! combien je trouve plus difficiles et plus loin de moi—je puis bien dire plus loin de nous—ces sacrifices, accomplis avec un visage serein, qui durent des mois, des années, des dizaines d'années, sans une minute de faiblesse, sans un retour d'égoïsme, sans un murmure.... Aussi je me sens plus étonné encore, plus respectueux et plus petit, devant le troupeau habituel des vieux serviteurs, des vieilles servantes, des vieux ouvriers, des vieilles couturières, de tous les pauvres gens qui sont comme les abonnés annuels des prix Montyon.

Les vieilles servantes! L'Académie, cette année, en a couronné dix-huit, qui semblent vraiment des êtres de légende, tant leur abnégation et leur bonté confondent nos égoïsmes mondains.

Mon Dieu, leur histoire à toutes est à peu près pareille. En général, elles sont entrées presque enfants dans quelque famille que le malheur ensuite est venu frapper, et alors elles ont voulu rester sans gages au service de leurs maîtres d'autrefois; peu à peu, elles leur ont tout donné, leurs petites économies, leur force, leur saine jeunesse de paysannes, ou même leur beauté,—car plusieurs étaient jolies, aimées, désirées, et elles ont sacrifié cela aussi, éconduisant de braves amoureux qui les voulaient pour épouses. Il en est qui se sont mises à travailler fiévreusement à n'importe quel rude ou ingénieux métier de leur invention, afin de pouvoir rapporter le soir un peu d'argent ou un peu de nourriture aux anciens maîtres devenus infirmes, qu'il faut encore soigner et panser avant de s'endormir.

Telle, cette bonne Savoyarde, appelée Claudine Buevoz, qui s'est faite dévideuse de soie et qui pelotonne sans trêve ses écheveaux, pour nourrir sa pauvre vieille maîtresse d'autan, aujourd'hui veuve, misérable et impotente.

Telle encore, cette Emilie Aubert, de la Provence, qui s'est improvisée revendeuse de légumes et de poulets aux portée de Marseille, pour subvenir aux besoins d'une vieille douairière et de sa fille, toutes deux malades et sans pain. Elle était née dans une demi-aisance, cette Emilie Aubert, fille d'un notaire de province qui possédait quelque bien, et personne n'eût pu prévoir pour elle tant de déchéance et de misère. Lorsque, après avoir tout perdu, elle se décida à entrer comme gouvernante chez les nobles dames qu'elle soutient aujourd'hui par son trafic épuisant, ces dernières habitaient le château familial dont elles portent le nom, et d'où elles ont été chassées depuis tantôt vingt ans, à la suite de revers inouïs. Les voilà donc aujourd'hui, ces trois femmes, unies dans une commune détresse matérielle.

Et c'est Emilie, l'ancienne gouvernante, d'ailleurs la seule valide de l'étrange trio, qui pourvoit à toutes choses. Sous les brûlants soleils d'été, sous les pluies d'hiver, elle va courir à pied les villages, pour acheter les légumes qu'elle revient vendre au marché de la ville, réussissant à payer ainsi la nourriture de ses chères maîtresses et leurs vêtements modestes.

Il y a encore—parmi tant d'autres—cette ravaudeuse de vieux parapluies et de vieux tamis, qui s'appelle Joséphine Bénéteau. Une fille du bas peuple, celle-là, qui est entrée comme servante à quatorze ans, il y a un demi-siècle à peu près, dans une famille de forgerons vendéens. Les enfants étaient nombreux au logis; mais, malgré les soins de leur bonne, les uns après les autres ils sont morts de la poitrine; le père à son tour les a suivis au cimetière, et bientôt il n'est plus resté que la veuve, avec le dernier des fils: un jeune garçon tout frêle, qui s'est mis à travailler seul dans la forge délaissée, pour gagner le pain de la maison. Travailler, forger, battre le fer, il le fallait bien, et d'ailleurs le petit ne connaissait point d'autre métier moins dur; mais la brave Joséphine, le trouvant bien maigre et bien pâle, ne le perdait plus de vue et, pour lui éviter les fatigues excessives, surtout les sueurs dangereuses, c'était elle, le plus souvent, qui à grand effort frappait sur l'enclume. Il s'en est allé quand même, ce dernier enfant, vaincu, lui aussi, par le mal inévitable. C'est alors que pour faire vivre la maman de tous ces morts, épuisée du reste parla maladie et le chagrin, la servante a imaginé de réparer les parapluies, les tamis ou les paniers. Et tout le jour donc, elle s'en va dans les villages, trottinant par les sentiers, poussant son cri de raccommodeuse, son pauvre cri chanté, qui s'éteint de plus en plus avec les ans; le soir ensuite, quand elle rentre exténuée, elle trouve le moyen encore d'égayer un peu sa vieille maîtresse, par de bons sourires, d'amusants propos, tout en lui préparant le repas qu'elle lui a si péniblement gagné dans sa journée.

Parmi nos prix Montyon, nous n'avons pas, bien entendu, que des servantes, mais aussi quantité d'ouvriers, de petits employés obscurs, entre lesquels on ne sait vraiment qui choisir, ni qui plus admirer; quantité de braves ménages, déjà chargés d'enfants, qui ont recueilli avec tendresse des orphelins, des grands-pères, des grand'mères, de vieilles tantes aveugles ou en enfance sénile, et qui ont travaillé avec plus d'acharnement pour faire la vie douce à tout ce monde.

Des ménages, par exemple, comme celui des Raunier, qui sont des petits artisans de Lodève. Ils ont passé leur vie, ces Raunier, autant la femme que le mari, à faire du bien, à veiller des malades, à secourir des malheureux. Et la femme, un jour, ne sachant plus que donner, a eu l'idée d'offrir son lait; elle a nourri successivement plusieurs pauvres bébés, qui languissaient parce que la poitrine de leur mère avait été tarie par la souffrance ou la faim....

Parmi ces êtres capables ainsi de tout sacrifier pour leur prochain, il s'en trouve qui, par surcroît, sont des impotents, des malades, des infirmes; alors cela devient de leur part, n'est-ce pas? quelque chose de surhumain, quelque chose d'angélique. Il nous est bien arrivé à tous, au cours de nos existences surmenées, de nos voyages, de nos plaisirs, d'être frôlés plus ou moins légèrement par l'aile brûlante de quelque fièvre qui passait, et chacun de nous se rend compte à peu près de l'abattement qu'une souffrance cause. Eh bien! il y a sur terre des créatures qui ont souffert toute leur vie, dont l'enfance rachitique a été sans soleil et sans jeux, qui ont tout le temps végété dans des logis sombres, qui ont atteint péniblement la vieillesse sans rencontrer une heure de joie ni de santé, mais dont le courage et le dévouement n'ont, malgré cela, jamais connu de défaillance.

Ainsi, cette sainte fille appelée Eugénie Lucas, infirme, traîneuse de béquilles, à demi percluse à force de douleurs, endurant un continuel martyre; mais, sans se plaindre, travaillant nuit et jour à des ouvrages de couture à peine payés, pour faire vivre son vieux père, sa vieille mère aveugle qu'elle adore.

Ainsi cette Eugénie Philippart, infirme et contrefaite, élevée par charité jusqu'à quinze ans dans un asile de bonnes soeurs. Une tante la recueillit à sa sortie de l'hospice et lui apprit son métier de repasseuse. Travaillant toutes deux, elles vécurent d'abord sans trop de misère. Mais bientôt la tante sentit ses yeux s'obscurcir; quelque temps encore, elle put promener son fer sur des surfaces unies, des nappes, des rideaux, que sa nièce étendait sur une table,— et puis il a fallu y renoncer: elle n'y voyait plus. Et voici aujourd'hui vingt ans qu'elle est aveugle, tendrement soignée par sa nièce, qui a refusé de la laisser partir pour l'hôpital. Elle travaille, elle repasse tant qu'elle peut, la pauvre nièce infirme et bossue, et pourtant sa détresse augmente de jour en jour, car décidément ses yeux l'abandonnent; alors il y a souvent, comme elle dit, des malfaçons dans son ouvrage, et ses pratiques commencent de la quitter. Mais, se privant de tout, même de nourriture, afin de pouvoir dorloter encore la vieille tante aveugle, elle ne cesse de lui faire, d'un ton enjoué, d'innocentes et pieuses petites histoires, pour lui donner à entendre que l'ouvrage va bien, que les demandes affluent et que l'aisance est au logis.

Les dernières dont je parlerai, Messieurs, sont les soeurs Michaud, qui végètent au hameau perdu de la Vermanche, dans le département du Cher, et auxquelles vous avez accordé un prix de 500 francs. Celles-là sont aveugles de naissance, toutes deux. Sous leur vieux toit de paille, sur leur sol de terre battue, elles ont commencé dès l'enfance à travailler comme deux bienfaisantes petites fées. Pendant que leurs parents labouraient la terre, cultivaient le verger qui les faisait tout juste vivre, elles arrivaient, à force de volonté, à tenir propre le ménage et même à préparer les repas; en ce temps-là, qui fut pour elles le temps prospère de la vie, tout reluisait dans la chaumière; sur les pauvres meubles bien cirés, les moindres objets s'alignaient dans un ordre minutieux. Quand les voisins alors s'ébahissaient de voir les choses si bien rangées, les petites filles naïvement répondaient: «Eh! si nous n'avions pas soin de remettre nos affaires aux mêmes places, comment les retrouverions-nous après, puisque nous n'y voyons pas?» La famille ainsi vivait presque heureuse quand, il y a une dizaine d'années, le père mourut, laissant le verger à l'abandon, laissant la mère épuisée de travail et à demi infirme. A ce moment on pensa bien faire, à la mairie du plus prochain village, en offrant de placer la veuve dans un hôpital; mais l'idée de se séparer de leur vieille mère jeta les deux soeurs aveugles dans un désespoir affreux:

«Plus tard, supplièrent-elles, plus tard, s'il le faut absolument; laissez nous d'abord essayer de vivre ensemble; *nous ferons tout ce que nous pourrons!* Et, quand je vais dire ce qu'elles ont fait, vous croirez entendre un conte embelli à plaisir.

Elles ont appris à filer de la laine, et, en prolongeant leurs heures d'études jusqu'au milieu de la nuit, bien entendu sans avoir besoin de lumière, elles sont aussi parvenues à apprendre à coudre, assez bien pour gagner quelque argent, avec de l'ouvrage confié par les bonnes âmes d'alentour. Elles ont appris à laver leur linge, s'asseyant au lavoir à côté d'une voisine obligeante qui les avertit si c'est assez propre, ou bien s'il faut frotter un peu plus. Dans les commencements elles possédaient une chèvre, dont le laitage composait d'ailleurs, avec du pain, leur presque seule nourriture, et la vieille maman avait encore la force de la mener paître le long des routes, tout en ramassant du bois mort pour le feu des veillées. Puis, la pauvre veuve est devenue en enfance, gardant l'envie de s'en aller comme autrefois sur les chemins, à la grande inquiétude de ses filles qui n'osaient plus perdre le contact de sa robe: «Mon Dieu, disaient-elles, si elle s'égarait, si elle allait choir dans quelque fossé! Comment ferions-nous pour courir à sa recherche, puisque nous n'avons point d'yeux?» Aujourd'hui, cette crainte n'est plus, car la mère est alitée, et elle est devenue aveugle à son tour! Et les deux soeurs redoublent de tendresse, pour celle que jamais elles n'ont vue et qui ne peut plus les voir. Elles redoublent de travail aussi, afin de lui procurer tout ce qui peut adoucir son déclin. Elles s'ingénient à la distraire, elles s'évertuent à la tenir bien propre, et, détail qui me semble adorable, quand il s'agit de la changer de linge, elles font chaque fois pieusement chauffer la pauvre grossière chemise, à la flamme de quelques branches mortes ramassées à tâtons dans les bois. Jamais elles n'ont demandé l'aumône, jamais on n'a entendu sortir de leurs bouches un murmure ni une plainte.

Au milieu de leur éternelle nuit, tâtonnant sans cesse et cherchant avec leurs mains, toutes les deux pour aider cette mère, qui tâtonne et cherche aussi dans une obscurité pareille, elles ont une douceur toujours égale et une sorte d'inaltérable contentement....

La source de telles résignations nous demeure bien inaccessible, et, tout cela, n'est-ce pas? est d'ailleurs plein de mystère, car nous restons confondus devant la destinée de ces âmes hautes et sereines, qu'emprisonnent ainsi, comme par châtiment, des enveloppes de ténèbres.

Mais ce que nous pouvons constater, sans arriver à le bien comprendre, c'est qu'un bon sourire calme et clair est à demeure sur le visage de tous ces déshérités, de tous ces sacrifiés, dont je n'ai pu vous donner la liste trop longue.

Au contraire, nous, gens quelconques du tourbillon de ce siècle, notre lot, à presque tous, est l'agitation vaine, le désir et la détresse.... Mon Dieu, devant la banqueroute de nos plaisirs, le vide pitoyable de nos élégances, le néant de nos petits rêves puérils, devant la fuite des jours et l'effeuillement de tout, que faire, aux approches si solennelles du grand soir, où nous réfugier, où nous jeter?... Il y a bien les cloîtres, restes d'un autre temps, débris qui subsistent et où l'on va encore; mais ils ne conviennent qu'au petit nombre de ceux qui ont gardé la croyance en des dogmes précis, et je ne sais pas d'ailleurs s'ils y trouvent tant que cela le repos, ces révoltés et ces solitaires qui vont orgueilleusement s'y enfermer. Alors, considérons de plus près le cas étrange de nos prix Montyon, qui ne se séparent point des autres hommes leurs frères, mais qui trouvent la paix en s'oubliant pour eux.

Avant de finir, je veux citer l'apôtre une fois encore: «Maintenant, donc, dit-il, ces trois forces demeurent: la foi, l'espérance et la charité; mais la plus grande est la charité.» De nos jours, nous ne pouvons plus, hélas! parler ainsi. Malgré ce demi-réveil de mysticisme, auquel nous assistons et qui, je le crains, sera passager comme une chose de mode, la foi, sapée par tant d'ouvriers de mort, s'en est allée avec l'espérance. Où sont-ils ceux d'entre nous qui oseraient dire, avec une certitude triomphante, qu'ils ont la foi et qu'ils ont l'espérance? Mais la charité reste.... A la charité, nous pourrions encore accrocher nos mains découragées et lassées.... Et, après nous être inclinés très humblement devant ceux dont j'ai eu mission de parler, devant ces vieux serviteurs aux doigts calleux, devant ces vieilles servantes usées et infirmes, devant ces aveugles, devant ces pauvres et ces pauvresses, peut-être pourrions-nous essayer—oh! à très petites doses, suivant nos faibles moyens, et seulement aux instants où nous nous sentons meilleurs,—peut-être, après leur avoir fait ici notre révérence profonde, pourrions-nous essayer... de les imiter un peu.

LES PAGODES D'OR

En mer, l'extrême matin, dans les brumes de l'Iraouaddy, devant les bouches du grand fleuve, au milieu du tourbillon des goélands et des mouettes.

Partis depuis trois jours de Calcutta, nous devons être à toucher la terre de Birmanie, dont rien pourtant ne se devine encore. L'eau, si bleue la veille, quand nous traversions le golfe de Bengale, est devenue blonde et n'a plus de contours, sous cette bruine couleur de perle qui tout de suite se confond avec elle. Le lever du jour n'éclaire pour nous qu'un monde inconsistant, qui n'a pas de limites apparentes, mais qui, cependant, n'est pas le vide; un monde de vapeurs chaudes, saturées de germes.

Innombrables, s'agitent les goélands et les mouettes. Des cris, des battements de plumes. Blanches ou teintées de gris, des milliers, des milliers d'ailes encombrent l'étendue imprécise; des ailes nerveuses, rapides, cinglantes, qui fouettent l'air épais avec des bruits d'éventail; la vie intense des oiseaux pêcheurs nous enveloppe, dans cette buée, pour nous à peine respirable, que le grand fleuve exhale toujours sur la fin des nuits.

Midi. Comme au théâtre un rideau se lève, la brume en une minute se détache des choses terrestres; elle monte et se dissout dans le ciel, c'est fini. Un soleil torride, soudainement dévoilé, fait luire autour de nous des eaux jaunâtres. De tous côtés apparaissent des côtes basses, à demi noyées, dirait-on, et que recouvre un tapis d'humides verdures. Et, dans le lointain de ce pays plat, au fond de ces plaines trop vertes où rien d'humain ne se dessine, quelque chose d'unique arrête et déroute les yeux; on croirait une grande cloche d'or, surmontée d'un manche d'or.... C'est bien de l'or, à n'en point douter: cela brille d'un éclat si fin! Mais c'est tellement loin qu'il faut que ce soit gigantesque; cela excède toutes les proportions connues; avec cette forme étrange, qu'est-ce que cela peut être?

C'est la pagode pour laquelle j'ai entrepris ce long pèlerinage, la plus sainte des pagodes de Birmanie, qui contient des reliques des cinq Bouddhas, et trois cheveux de Gaudama, le dernier venu des cinq. Elle est millénaire; depuis les vieux temps, les fidèles y accourent de tous les points de l'Asie, apportant des richesses et de l'or, de l'or surtout, des plaques et des feuilles d'or, pour épaissir cette couche magnifique dont sa grande tour est revêtue et qui miroite là-bas sous ce soleil. Et il y a des siècles qu'elle brille ainsi, la pagode, toujours pareille à elle-même; malgré tant de modernes bouleversements qui, paraît-il, ont eu lieu à ses pieds, dans la ville de Rangoun, son premier aspect au loin est demeuré inchangeable; pendant tout notre moyen âge, les pèlerins sans nombre, que lui amenaient de la Chine ou de l'Inde les somptueux et bizarres navires, l'apercevaient, sur l'horizon et au soleil de ces temps-là, telle que je la vois en ce moment: cloche d'or, comme posée au milieu de cette étendue d'éternelle verdure.

Donc, la ville où nous allons aborder, c'est Rangoun, et très vite elle s'approche,—tandis que cette cloche d'or là-bas s'obstine à rester invraisemblable et lointaine.

Oh! la stupéfiante laideur de ce qui nous apparaît! Aux rives jadis édéniques de l'Iraouaddy, les nouveaux conquérants ont vomi des ferrailles, de la houille, des hauts-fourneaux qui empestent l'air; car c'est ici, hélas! à Rangoun, que la grande pieuvre appelée «*Civilisation d'Occident*» est venue appliquer sa principale ventouse pour tirer à soi les richesses et les forces vives de la Birmanie. Cinq ou six kilomètres de toits en zinc, de hangars en briques, de cargo-boats amarrés à la file contre les berges. Et les pauvres belles pagodes d'autrefois—pas l'inaccessible, là-bas, mais quantité d'autres qui s'étaient élevées confiantes au bord du fleuve,—mêlent à présent leurs pointes dorées aux mille tuyaux noirs des usines. Et les pauvres Birmans, associés par force à toute cette récente agitation ouvrière, se démènent, se fatiguent dans le charbon, dans la fumée. Et les pauvres éléphants travaillent aussi, chargent sur leur dos les rails de tramway, les madriers, contribuent pour leur part à ce mouvement général, qui s'appelle «*Le Progrès*».

Après les horreurs du quai, les horreurs de la ville. Une Rangoun immense et toute neuve, dotée de squares aux gazons tondus correctement. Le long des rues sans fin, bien tirées au cordeau, s'aligne tout ce qui a pu germer dans des cervelles européennes en délire colonial: temples grecs (stuc et plâtre) où l'on vend de la charcuterie; manoirs féodaux (zinc et lattis) qui sont des magasins de chaussures; cathédrales gothiques (brique et fonte) habitées par des brocanteurs chinois!—Car les Chinois en plus, les Chinois par milliers se sont abattus sur ces pauvres Birmans....

On sait que les Européens, dans ces pays de mortelle chaleur, ne sortent que le soir. Je dois donc attendre le déclin du soleil pour me rendre à cette pagode, aperçue de si loin dès mon arrivée, dans les éblouissements de midi.

Ma voiture fermée n'en finit pas de traverser toute l'horrible ville, toute l'horrible banlieue de brique et de zinc, et, depuis un moment, je me laisse conduire, écoeuré, sans plus regarder rien, quand mon cocher hindou m'arrête, s'avance à la portière et me déclare que nous sommes arrivés.

Je prévoyais donc la grande cloche d'or toute proche et surplombante. Non, je ne J'aperçois nulle part. Mais je suis au pied d'une colline aux bords abrupts, comme fortifiée, défendue par un fossé d'enceinte. Or, cette colline est un bois de haute futaie, où les longues palmes et les éventails immenses de la flore équatoriale entremêlent en fouillis leurs puissantes nervures. Et, ça et là, parmi les cimes des arbres, entre leurs grands panaches verts, s'élancent des espèces de clochetons en dentelle d'or, donnant à entendre que ces masses de feuillages abritent des palais féeriques, cachent de très fastueux édifices, d'un art inconnu et exquis.

Par-dessus le large fossé, un seul pont donne accès à ce bocage de la colline sacrée, un pont ascendant qui a des marches comme un escalier. Il aboutit à une porte qui s'ouvre sur de l'ombre, sur de la nuit, comme une bouche de tunnel, mais qui est toute dorée, ciselée, guillochée, autant qu'un joyau. Et, de chaque côté de cette délicate entrée des enchantements, deux monstres en pierre blanchâtre, de quarante pieds de haut, étonnants d'énormité et de massive barbarie, font la garde, accroupis sur leur derrière dans la pose des chiens; au-dessus de tous les palmiers, de toutes les verdures, de tous les ors, leurs têtes se profilent sur le ciel, gueule ouverte, crocs dégainés dans un rictus qui sent déjà le voisinage de la Chine et de son Dragon Céleste. Sans doute ils ont mission d'avertir les arrivants qu'il n'y aura pas que de la magnificence et de la grâce dans cet éden, mais qu'il y planera aussi du mystère et un peu d'effroi, parce que c'est le domaine des Esprits, c'est l'autel que les hommes de cette contrée ont, suivant leur rêve particulier, élevé à l'Inconnaissable.

Je franchis la belle porte, au couronnement tout hérissé de clochetons d'or, et je m'engouffre dans la montée obscure. On y est surpris par la pénombre; d'ailleurs, le soir approche elle soleil torride va s'éteindre. On glisse un peu sur les marches, usées, polies par le continuel passage des pèlerins aux pieds nus. Dans ce couloir ascendant, une capiteuse odeur de fleurs imprègne l'air qui est chaud et lourd, qui sent la fièvre et le gardénia, qui a je ne sais quoi de voluptueusement mortel. Des gens montent et descendent, me frôlent sans bruit. Ce sont des Birmans, des vrais, en costume; à part les pauvres ouvriers des docks, je n'en avais pas encore rencontré en traversant l'affreuse ville d'en bas, qui ne m'avait semblé peuplée que de Chinois et d'Anglais. Et surtout ce sont des Birmanes, les premières que je vois; dans les lointains du couloir, leurs groupes se détachent en couleurs vives et claires. Je monte, je monte toujours. Des dorures brillent aux poutres ciselées des interminables plafonds. Maintenant, de chaque côté de l'escalier, il y a des marchands de sucreries, de jouets, de statuettes, de fleurs; tant et tant de fleurs, pour les Bouddhas qui habitent là-haut, des mannes remplies de bouquets qui embaument, des lis, des jasmins, des tubéreuses; on est troublé par l'excès et le mélange décès parfums dans la chaleur molle du soir.

Oh! les gentilles et rieuses petites personnes, ces Birmanes, si parées, sous leurs soies de nuances tendres! Aux épaules, elles ont des écharpes d'impalpable gaze, tantôt rose, tantôt vert d'eau, aurore ou bleu de ciel. Des fleurs naturelles dans les cheveux, toutes,—et souvent le cigare aux lèvres, avec le rire. Figures qui sentent déjà l'Extrême-Asie, je suis forcé de le reconnaître; rien cependant du regard bridé, ni du profil plat des Japonaises; mais quand même un peu de race jaune, juste ce qu'il en faut pour retrousser le coin des yeux et donner une câline expression de chatte. Celles qui montent les marches apportent de gros bouquets là-haut en offrande; celles qui descendent n'ont plus de fleurs qu'à la coiffure: gardénias toujours et roses pompons. L'amusement de les rencontrer me distrait de toutes choses, le long de ce chemin couvert, qui monte aux pagodes.

Je franchis encore des portes dorées que gardent des monstres, et les marches se succèdent dans une croissante pénombre où scintillent les ors des voûtes. Birmans et Birmanes qui ne cessent d'arriver pour l'adoration du soir, achètent en habillant des gâteaux, des bouquets, aux petits étalages qui bordent les escaliers; ils ont la piété rieuse et légère, au dehors du moins; au fond de leurs âmes, qui peut savoir? Ce sont des Aryens, mais très croisés de Chinois, autant dire des êtres pour nous incompréhensibles.

Un marchand veut me vendre des fleurs; alors des jeunes filles qui redescendaient s'arrêtent pour me faire signe que je dois en offrir, comme les autres, aux Bouddhas habitant là-haut.—Cela ne se refuse pas: oh! certainement, je veux bien en porter, moi aussi, des fleurs, aux Bouddhas,— même à l'image, au reflet un peu déformé, que leurs grandes âmes de pitié ont pu laisser dans ces cervelles d'Extrême-Asie....

Ces femmes semi-jaunes, par un raffinement de coquetterie un peu décadente, sont jupées comme autrefois chez nous les Merveilleuses; la soie du pagne qui leur serre les reins semble toujours mesurée trop juste et, pendant la marche, s'entr'ouvre pour laisser passer une jambe nue, très jolie avec sa couleur d'ambre. D'abord j'avais cru à un cas exceptionnel chez une qui se serait habillée trop vite; non, chez toutes c'est ainsi; à chaque pas qu'elles font, à chaque mouvement, on prévoit que cela va s'ouvrir trop haut, mais toujours cela s'arrête à point, et les convenances restent sauves. Pour obéir aux jeunes filles, j'ai acheté une gerbe, dont le parfum vraiment me grise un peu, dans ces escaliers trop encombrés, où il fait si chaud, où la foule sent déjà si fort le musc de Chine, le jasmin et la chair.

Enfin, tout à coup, au débouché de la dernière porte, l'air libre, la grande lumière retrouvée,—l'éblouissement des pagodes d'or! Et, tant c'était chose inimaginable, il y a une minute de stupeur et d'arrêt, avec un imperceptible: «Ah!» que l'on n'a pu retenir.

Je me souviens d'avoir vu jouer, quand j'étais enfant, une féerie qui développait les aventures de la jeune princesse du pays des Sonnettes, persécutée par de mauvais Enchanteurs. Le premier acte se passait dans la capitale du roi Drelindindin, son père, une ville d'or et de pierreries, où les palais, ajourés comme des dentelles, dardaient de tous côtés vers le ciel bleu d'étourdissants clochetons pointus. Et tout cela, qui était de la toile peinte et du clinquant, avait la prétention de figurer une magnificence telle qu'il n'en pourrait exister nulle part. Mais ce que j'ai ici devant les yeux,—et qui est de l'or vrai, du bronze d'or, des mosaïques de cristal,—dépasse mille fois, en richesse et en extravagance, la conception de ces décorateurs.

L'escalier d'ombre par lequel je viens de monter a joué le rôle des vestibules noirs qui, chez nous, préparent et augmentent l'effet des panoramas. Au sommet de cette colline, je suis dans une sorte de ville, oh! si étincelante et fantastique, sous le ciel vert du soir où s'effilent des petits nuages couleur de braise rouge et de braise orange; une ville en or, que le bois de palmiers enveloppait entre ses rideaux de larges éventails et d'immenses plumes. Au milieu, trône cette pyramide d'or, en forme de cloche à long manche, qui ce matin m'était apparue du large, celle qui se voit de si loin, de toutes les vertes plaines par où les pèlerins arrivent; sa pointe, presque effrayante de monter si haut,[6] brille comme du feu au soleil couchant, et sa base, qui s'élargit pour former un cône immense, ressemble à une colline tout en or. De l'or partout; auprès et au loin, de l'or se détachant sur de l'or. Alentour de cette pyramide centrale, se groupent en cercle une multitude de choses aussi follement dorées et aussi pointues, qui toutes s'amincissent en flèches dans l'air; on dirait presque, au pied de la colline d'or, des bosquets de longs ifs d'or;—mais ce sont des pagodes d'un luxe inouï, entièrement brillantes depuis le faîte des clochetons jusqu'au sol; ou bien, dans de gigantesques vases d'or, ce sont des gerbes de fleurs d'or, des gerbes allongées comme des arbres....

Les Birmans, les Birmanes, en adoration souriante, avec des gardénias plein les mains, font lentement le tour de cet amas de joailleries, par une voie circulaire qui, du côté extérieur, est bordée d'autres pagodes aussi tout en or, et qui est close au-delà, un peu sombrement, par l'épais rideau vert des feuillages, par les grandes palmes et les grands éventails du bois.

Après le saisissement de l'arrivée, l'esprit se heurte à l'inconnu des symboles,—ou bien s'amuse aux bizarreries des architectures, à l'art singulier des détails.... Ah! dans le quartier du milieu, parmi les ifs d'or, il y a des monstres, à demi cachés derrière les frondaisons rigides et, magnifiques: ce sont des sphinx dorés, de taille tout à fait colossale, assis dans la même pose que ceux de l'Egypte et portant très haut, entre les gerbes de fleurs d'or, leur placide visage de femme; ou bien ce sont des éléphants blancs, agenouillés, montrant çà et là leur énorme dos de pierre ou de marbre, tout caparaçonné d'or.... On entend une vague musique très douce, qui paraît venir de partout à la fois et dont l'air est comme imprégné;—et elle émane de tous ces bouquets en or, dont les tiges s'élancent des grands vases: chacune de leurs fleurs est une sonnette légère, que le moindre souffle agite....

Même là-haut, là-haut en plein ciel, le sommet de la pyramide souveraine est couronné d'une sorte de gigantesque chapeau-chinois, d'où les cloches et les clochettes éoliennes retombent en grappes, en grappes d'or, il va sans dire, et chantent aussi dans l'indéfinissable concert.

Ce qui surtout donne à ces édifices et à leurs flèches un aspect d'orfèvrerie précieuse, ce qui, plus encore que les dorures, jette tant de feux le long des piliers, des couronnements, des frises, c'est une profusion de mosaïques, en cristal de différentes couleurs taillé à facettes comme les pierres fines; on dirait que tout ruisselle de saphirs, de rubis et d'émeraudes.

Avec la foule soyeuse, je suis conduit à cheminer doucement, par cette rue pavée d'antiques dalles blanches, qui tourne à travers la ville en or. Toutes ces pagodes si miroitantes, aux toitures si éperdument pointues, sont ouvertes et laissent paraître leurs dieux. Sous les voûtes, inimaginables de richesse, entre ces colonnes ciselées avec des patiences chinoises, dans ces intérieurs qui ne sont qu'or et pierreries, on les aperçoit, les Bouddhas, de taille surhumaine, assis en cénacle, à l'abri de parasols brodés et rebordés d'or; devant eux, des urnes d'or pour les encens qui fument, des vases d'or pour les gardénias et les tubéreuses qu'on leur apporte chaque soir, et des candélabres d'or qui, avant le crépuscule, viennent déjà de s'allumer. Ils sont de deux sortes, les Bouddhas de Birmanie; les uns en or si poli qu'ils reflètent les mille petite flammes des cires; les autres en albâtre, blêmes comme des cadavres; mais tous, gardant les yeux baissés dans la même attitude rituelle, ont le même sourire et le même visage de mystère.

L'air peut-être semble un peu moins lourd ici, sur cette colline, que dans la ville et les prairies d'en bas; mais il est si chaud encore, et puis si chargé de la fumée des cassolettes, du parfum des bouquets, de la senteur qu'exhalent alentour les bois et la terre, avec on ne sait quoi de troublant et de morbide!...

J'en suis à mon deuxième, à mon troisième tour,—je ne sais plus,—dans cette rue circulaire bordée de façades en or. Le grand rideau d'arbres, qui enferme tout, se fait plus sombre; vers l'ouest, une sorte d'incendie, qui doit être au ras des plaines, nous envoie des reflets rouges à travers les branchages, il crible le bois sacré de longues rayures en feu,—et c'est le soleil qui, décidément, va s'éteindre. Auprès de moi cheminent toujours les groupes de jeunes femmes, jupées en Merveilleuses et drapées d'écharpes de gaze; sans cesser de sourire, elles chantent à demi-voix des hymnes bouddhiques, en battant des mains pour marquer la mesure lente: adorations frivoles et gaies. Il y a aussi des petits garçons, qui, tout en faisant le tour des autels comme les grandes personnes, jonglent des pieds et des mains avec des ballons légers, mais sans bruit, sans cris, d'une manière facile et discrète, en conservant une grâce un peu féminine. Beaucoup d'autres fidèles sont accroupis en prières, devant toutes ces pagodes ouvertes où l'on aperçoit, dans l'or des fonds, les compagnies de Bouddhas aux yeux baissés; en chantant leurs vagues litanies, ils se cachent le visage derrière des touffes de fleurs blanches qu'ils tiennent au bout de bâtonnets, et qu'ils iront ensuite déposer dans les vases d'or, aux pieds des dieux d'or. Et des cortèges de bonzes, de temps à autre, traversent la foule; ils passent empressés avec des bouquets; tous pareils et tous, suivant l'immuable rite, vêtus de jaune à deux tons: robe jaune orange, draperie jaune soufre. Comme leurs têtes rasées sont jaunes aussi, et leurs bras nus, d'un jaune d'ambre, on dirait, sous cet éclairage du soir qui les avive, des personnages en or, dans la ville d'or.

Ces pagodes du tour, aux mille flèches si dorées, diffèrent à l'infini de formes, d'ornements et de ciselures; mais toutes font scintiller leurs innombrables petits cristaux à facettes, et toutes s'allongent, s'étirent éperdument vers le ciel, se terminent en minces aiguilles effilées; leurs piliers courts, que l'on dirait tendus de brocarts, leurs petits portiques à festons étranges, sont comme écrasés sous la hauteur exorbitante et l'extravasement des toitures d'or,—toitures à cinq ou six étages qui ne sont que des prétextes pour multiplier en l'air des cornes et des pointes. Mon Dieu, si pointu, tout cela, pointu jusqu'à l'invraisemblance!... Et comme c'est singulier, cette conception de la pointe, du faisceau de pointes, qui persiste depuis des siècles à hanter l'imagination des peuples de la Birmanie et du Siam: en ces pays-là, temples, palais, casques de dieux ou de rois, doivent être surmontés de quelque chose d'aigu et d'infiniment long,—sans doute pour attirer les effluves célestes comme les paratonnerres attirent les orages.

Outre les pagodes, il y a quantité d'édicules en or, kiosques bizarrement frêles, ou simples clochetons qui s'élancent du sol, s'amincissent en fuseau, et portent tous au bout de leur flèche un chapeau-chinois garni de clochettes éoliennes; il y a des obélisques d'or, entièrement: gemmés comme de rubis et d'émeraudes, avec des sphinx d'or assis au sommet, cm bien des petits éléphants d'or. Et, un peu partout, des hampes gigantesques, du haut en bas scintillantes d'or et de pierreries, soutiennent en l'air des oriflammes transparentes, ou de longs *boas* en soie, presque impondérables, que le moindre souffle remue, soulève, enchevêtre aux palmes ou aux branches du bocage voisin.

Ces arbres, qui se serrent autour de la ville en or, qui se penchent sur elle comme pour la tenir plus enclose, sont des cocotiers empanachés de plumes géantes, des lataniers aux troncs aussi droits et lisses que des colonnes de marbre, et de monstrueux banians des Indes déployés en voûtes d'ombre. Si les uns ou les autres ont poussé trop près des pagodes, au lieu de les arracher on les a revêtus de splendeur: il y a des ramures toutes cerclées de bijouterie, des palmiers dont la tige est entièrement gainée d'or et de cristal.

Tant de délicates merveilles amoncelées sur cette colline représentent des siècles de patient travail, car tout cela fut commencé au temps nébuleux de la première expansion bouddhiste. Malgré les couches d'or, entretenues si brillantes, ça et là se dénote un archaïsme très lointain. Et même la caducité, parfois, s'indique au fléchissement des lignes; vers la terre surtout, l'usure des socles de marbre et des dalles, le dénivellement de la voie, disent les ans sans nombre, donnent ce *sentiment du passé* sans lequel les lieux d'adoration nous font l'effet de n'avoir pas d'âme; on sent qu'elles sont très vieilles, ces pagodes, et que beaucoup de générations mortes les ont saturées de leurs prières étranges....

Toutes ces jeunes femmes au pagne de soie, qui ont des gardénias ou des roses pompons sur leurs cheveux lisses et noirs, on les prendrait pour des petites fées du sourire, et cependant il est visible qu'elles prient aussi, elles,— à leur énigmatique et un peu chinoise manière. Comme moi, elles passent et repassent. Leurs groupes, qui se détachent en teintes fraîches sur ce décor de fantasmagorie, me croisent à chaque tour dans la rue enchantée, et il en est que je commence à reconnaître. L'une,—qui, cependant, me restera à jamais aussi indéchiffrable que les autres,—est devenue à mes yeux l'incarnation de la beauté birmane; dès que je vois apparaître son pagne couleur de jonquille, involontairement je deviens attentif; malgré moi j'ai presque concentré sur elle ma rêverie de solitaire, et d'égaré ici, par ce soir troublant où il y a trop de parfums, dans l'air trop chaud....

Ah! là-bas, ces haillons que je n'avais pas vus! Toute une pouillerie humaine, échouée entre deux palais d'or, au pied d'une haute gerbe de fleurs d'or! Je m'approche et l'on me tend des mains sans doigts, on tourne vers moi des figures mangées, on me parle avec des bouches sans lèvres; les lépreux de Rangoun! C'est leur poste de chaque soir pour guetter les aumônes. Dans ce lieu où tout était luxe de songe, charme et grâce, il fallait bien quelque chose, en un recoin, pour rappeler ces réalités que l'on eût risqué d'oublier: la pourriture et la mort....

Les derniers rayons du couchant rouge viennent à peine de s'éteindre, et le ciel en une minute se fait crépusculaire, et la foule s'apprête à quitter ce lieu magique; dans les pays très proches de l'équateur, il est si court, l'instant de la véritable vie diurne; il commence tard, quand le terrible soleil n'est plus qu'à son déclin, et finit presque subitement dès qu'il se couche; les soirs ne se prolongent pas comme les nôtres en lumière adoucie; soudain c'est l'ombre,—accentuant l'impression de dépaysement et d'exil. Rien d'ailleurs, pour nous, Européens, ne contribue à la mélancolie de ces régions comme la brusque tombée de leurs nuits.

Déjà le rideau des arbres alentour est devenu presque un rideau noir, au-dessus duquel, çà et là, quelque palmier, qui a jailli avec plus de fougue, découpe en silhouette ses grandes plumes sur le ciel jaune et vert. Et les petites bandes de nuages, qui étaient roses, passent au violet assombri, liseré encore d'un peu de flamme orangée.

Pour toutes les orfèvreries des pagodes, c'est l'heure d'étinceler plus singulièrement dans la pénombre; ce qui reste de lumière joue sur les façades précieuses et frêles, s'accroche aux saillies des dorures, aux mille facettes du cristal. Objets de vitrine, dirait-on, bibelots si fragiles qui, imprudemment, s'étalent au plein air du soir,—et qui, par sortilège, sans doute, ont résisté depuis des siècles aux lourdes pluies tropicales.

Maintenant des souffles plus violents et plus chauds commencent de passer, des bouffées soudaines qui sentent l'orage. Alors, toutes les banderoles suspendues et tous les boas de soie au bout des hampes magnifiques se tordent là-haut, convulsivement, et tous les palmiers, avec un bruit de papier qui se froisse, agitent leurs plumets ou leurs éventails. Et toutes les campanules d'or dans les buissons d'or font entendre leurs sonnailles légères; toutes les cloches, les clochettes, les chapeaux-chinois, à la pointe des flèches d'or, enflent en crescendo dans le ciel leurs musiques éoliennes, au-dessus de la foule qui chante à mi-voix en battant des mains. Chaque rafale passée, l'air redevient accablant, avec ces parfums et ces senteurs de chair que le coup de vent n'a pas su emporter. La terre et les arbres semblent attendre quelque averse qui rafraîchirait, mais qui sans doute ne viendra pas ce soir, car les petits nuages étirés en queue de chat continuent de rester seuls, perdus dans la belle voûte limpide qui, peu à peu, tourne au bleu des nuits.

On allume toujours plus de bougies aux pieds des Bouddhas de taille surhumaine qui tiennent cercle sous les plafonds d'or des pagodes ouvertes; c'est eux maintenant qui prennent le plus d'importance, dans cette féerie qui s'éteint; ils accaparent, sur leurs graves assemblées, toute la lumière des cires. Eclairés par en dessous, ceux qui sont en or ont aux lèvres, aux arcades sourcilières, des reflets qui changent en un rictus leur sourire. Ceux qui sont en albâtre inquiètent davantage, si pâles et blêmes, avec de longues oreilles mortes qui pendent sur les épaules, et cet air de rire en dormant, ces grands yeux toujours clos, que l'on a peints d'une frange noire pour marquer les cils baissés.

Il y a moins de monde autour d'eux; leurs adorateurs peu à peu se retirent, par le tunnel de descente, et cette quasi-solitude, où ils vont rester bientôt, les rend pour moi plus présents. Je m'en irai quand sera partie la jeune femme au pagne couleur jonquille, que je croise à chaque tour de ma promenade circulaire; dans l'espèce d'hypnose où m'ont jeté ces parfums, ce défilé toujours recommençant, et ces vagues symphonies aériennes des sonnettes d'or, son image à elle commence à trop m'occuper, je cède à la fascination de ses jolis yeux de chatte.... Le mélancolique effroi qui me vient, à me sentir ici tellement étranger, je le reconnais pour l'avoir éprouvé déjà en tant d'autres lieux du monde; effroi d'être si inapte à comprendre les conceptions de ces gens-là sur le Divin et sur la Mort.... Pendant ma brève existence d'homme, jamais, jamais je n'aurai le temps de rien déchiffrer de cette race, trop foncièrement dissemblable de la mienne; or, je sens en moi sourdre un triste et ardent désir d'en pénétrer l'âme, et,—ceci pour me confondre comme un rappel d'en bas,—c'est surtout à cause de cette petite créature qui passe et repasse entre les pagodes dorées: son regard et tout son être m'attirent plus que de raison.

De temps à autre, l'un des bonzes drapés de jaune vient frapper sur une énorme cloche suspendue tout près du sol, une cloche qui a la forme d'une pagode et que surmonte aussi une pointe effilée. Il frappe à longs intervalles, comme chez nous pour les glas, et le marteau est si enveloppé, si moelleux, qu'on dirait des vibrations d'orgue. Ce doit être quelque signal pour la fin des prières; d'ailleurs, les groupes se font de plus en plus clairsemés, les adorateurs s'en vont.

Ah!... Elle est partie, la jeune femme au pagne couleur jonquille; donc, c'est fini, jamais, jamais plus je ne saurai rien d'elle. Son départ me laisse intolérablement seul, et je préfère m'en aller aussi.

Mais justement, vers l'entrée du couloir de descente, se dirige une foule spéciale, où l'on cause et l'on rit de belle humeur: robes dépenaillées; voix sinistrement bouffonnes, comme de gens qui n'auraient plus ni larynx ni palais; rires mouillés, qui gargouillent dans de la pourriture. C'est le clan des lépreux, qui se retire content parce que les aumônes sans doute ont été larges ce soir.... Redescendre en si lamentable compagnie, non; plutôt je recommencerai le tour des pagodes une dernière fois.

La nuit vient, la vraie nuit d'étoiles; son recueillement peu à peu descend sur toutes les belles flèches dorées. Je reste l'unique promeneur, et les innombrables petites bougies, qui font grimacer les masques brillants des Bouddhas, achèveront de se consumer dans la solitude. Les rafales ont cédé la place à une brise tiède et régulière qui agite en symphonie d'ensemble les milliers de clochettes au son pur; une musique sans nom, qui semble jouée par des élytres d'insectes, plane au-dessus des pagodes d'or, au niveau de leurs pointes extrêmes, très haut en l'air, tandis qu'en bas, au fond de quelque tabernacle, des bonzes chantent des litanies à bouche close. Je crois bien que me voici hypnotisé tout à fait. Je rêve en marchant: je suis dans la ville du roi Drelindindin; des fées, des bonnes et des méchantes fées, habitent la forêt voisine; quant à la jolie Birmane au pagne jonquille, elle n'est pas loin de se confondre pour moi avec cette princesse que les Génies persécutaient....

A la fin de mon dernier tour, avant de redescendre, je m'arrête sur le seuil et me retourne pour regarder. Ces pagodes de Rangoun, elles sont au nombre des merveilles qu'en passant sur la terre il faut avoir vues; mais j'y aurai fait un pèlerinage sans lendemain, car je vais rentrer ce soir même à bord du paquebot qui doit partir à la pointe du jour pour me ramener au Bengale.

Et mon regard d'adieu, sur tout cela que je ne reverrai jamais, m'en laissera une plus inoubliable vision. Les ors continuent de briller, on ne sait trop comment puisqu'il fait nuit. La pyramide géante qui est au milieu se détache en luisances claires sur le bleu sombre du ciel, et la colline d'or qui lui sert de base garde ses reflets. Alentour, se pressent les petites pagodes aux prodigieuses toitures, les hautes gerbes de feuillages en bronze doré, toutes choses dont l'obscurité ne permet à présent de voir que les silhouettes étrangement pointues et l'éclat de métal précieux. Plus que jamais on dirait des bosquets de longs ifs d'or. Mais ce sont des ifs chargés de fleurs qui sonnent, et leurs myriades de campanules remuent doucement pour donner dans l'air une sorte d'immense concerto diffus, comme avec des sonorités de tympanons et des voix grêles de cigales....

Le lendemain, de bonne heure, quand je m'éveille à bord du paquebot qui me ramène aux Indes, l'hélice tourne déjà depuis longtemps, et nous sommes aux bouches du fleuve, comme hier dans les voiles nacrés des matins de l'Iraouaddy, au milieu de la nuée des mouettes et des goélands gardiens du seuil. Même décor imprécis d'eau gris perle et de brume gris perle, mêmes cris d'oiseaux et mêmes tourbillonnements d'ailes blanches.

Et là, en route, on me conte sur les Birmans une touchante histoire:

Il y a une vingtaine d'années, quand les Anglais,—pour venger un de ces griefs, comme les Européens en ont toujours contre les peuples rêveurs de l'Asie, et qui rappellent ceux du loup contre l'agneau,—vinrent surprendre dans leur palais le roi et la reine pour les emmener en captivité à Bombay, et les jetèrent sur une de ces grossières charrettes à boeufs où l'on transporte les sacs de riz, le peuple de la ville se rangea silencieux sur le parcours. Sans s'être concertés, tous, hommes et femmes, au passage de la triste charrette qui emportait leurs souverains et leur indépendance, se prosternaient la face contre terre, déployaient leur, longue chevelure, retendaient devant eux en tapis, et les roues, jusqu'au sortir des murailles, foulèrent cette noire jonchée vivante....

Pauvre gracieuse Birmanie!

FIN

NOTES

[1] Une sorte de béguin en toile cartonnée, pour garantir le visage de la pluie et du soleil.

[2] Hélas! les fils de l'Euzkalerria délaissent de plus, en plus ce jeu du haute élégance pour le grossier football!

[3] J'écrivais ceci il y a deux ans. Or, ce jeu de pelote a été, sur ma prière, maintenu et amélioré par l'«aménageur» de la plage, par celui-là même que je qualifiais plus haut de demi-barbare. Le mot d'ailleurs était injuste: homme de goût, artiste, aurais-je dû dire plutôt. Sur nos sables tapissés d'oeillets et d'immortelles, il avait rêvé de fonder une ville de bains qui n'enlevât pas au pays la couleur ancienne, et ses études de la vieille Euzkalerria lui avaient permis de dessiner des maisonnettes d'un archaïsme exquis.. Mieux valait pour tout le monde ne rien bâtir du tout, bien entendu, et respecter cette solitude; sa conception toutefois était acceptable,—mais allez donc la faire entrer dans des cervelles vulgaires, ou seulement moyennes! Il a été débordé. Un petit quartier purement basque, construit depuis deux années d'après ses plans, semble un joyau rare en comparaison des horreurs qui viennent de pousser alentour: donjons moyenâgeux en ciment armé; fermes pseudo-normandes; tristes maisons noirâtres à toits d'ardoise que l'on dirait échappées de la banlieue de quelque ville ouvrière du Nord;—jusqu'à une espèce de gâteau de Savoie tout rond, tout peinturluré, tellement saugrenu que les gens s'arrêtent devant pour sourire. Et, si une croisade de défense ne s'organise au plus vite, cette presque dernière de nos plages françaises non violées, finira, comme toutes les autres, dans le ridicule. (Mars 1910.)

[4] Il ne s'agit ici, bien entendu, que du London South-West où j'habitais.

[5] Discours prononcé à l'Académie française à l'occasion des prix de vertu.

[6] Un peu plus de deux fois la colonne Vendôme.

Milton Keynes UK
Ingram Content Group UK Ltd.
UKHW010313010624
443378UK00004B/333